毫無勝利可言

挺住就是一切

林貴新

至暗拯救

To Save in the Dark

危机管理18讲

林景新 著

暨南大学出版社
JINAN UNIVERSITY PRESS

中国·广州

图书在版编目（CIP）数据

至暗拯救：危机管理 18 讲／林景新著 . —广州：暨南大学出版社，
2022. 12（2023. 10 重印）
ISBN 978 - 7 - 5668 - 3524 - 6

Ⅰ . ①至… Ⅱ . ①林… Ⅲ . ①危机管理 Ⅳ . ①C934

中国版本图书馆 CIP 数据核字（2022）第 193092 号

至暗拯救：危机管理 18 讲
ZHIAN ZHENGJIU：WEIJI GUANLI 18 JIANG
著　者：林景新
···

出 版 人：张晋升
策划编辑：杜小陆　黄志波
责任编辑：黄志波
责任校对：刘舜怡　梁念慈
责任印制：周一丹　郑玉婷

出版发行：暨南大学出版社（511443）
电　　话：总编室（8620）37332601
　　　　　营销部（8620）37332680　37332681　37332682　37332683
传　　真：（8620）37332660（办公室）　37332684（营销部）
网　　址：http：//www. jnupress. com
排　　版：广州良弓广告有限公司
印　　刷：广东信源文化科技有限公司
开　　本：787mm×1092mm　1/16
印　　张：12
字　　数：190 千
版　　次：2022 年 12 月第 1 版
印　　次：2023 年 10 月第 2 次
定　　价：49. 80 元

（暨大版图书如有印装质量问题，请与出版社总编室联系调换）

序

在过往经典的危机管理理论中，危机管理都指向消除，如对负面影响的消除、对情绪怒火的消除，这种思路其实是偏颇的。危机管理真正的职责是指向拯救，使每一处安全细节落实到位，使每一次情绪对抗沟通到位，使每一处生产运营严格到位，就是对生命的拯救、对品牌的拯救、对信任的拯救。

危机管理，就是至暗时刻的拯救。

危机管理的核心不是对"果"的处理，而是对"因"的敬畏，时刻提醒自己敬畏规则与伦理。佛经有偈语云："菩萨畏因，众生畏果。"觉醒的人，会畏惧恶念，因为有念就会有行，有行就会有果。一念起，一切起。而糊涂的众生，总是等到严重的后果发生，才在痛苦中后悔。

学习危机管理，最重要的是学习如何敬畏天、地、人，如何敬畏情、礼、法。危机中对恶果进行善后处理，是无奈之举，也是危机管理中相对次要的部分。防患于未然，预见危险的发生，把危险消除在萌芽状态，才是危机管理的关键之道。

世间没有如果，只有结果与后果。

永恒的宁静只会加冕那些敬畏因果、看透轮回的人。他们因为畏因而止恶，他们守规而避险，他们因为慈悲而得到福报。

人生的幸福，就是心灵的宁静与精神的自由。

林景新
壬寅年秋

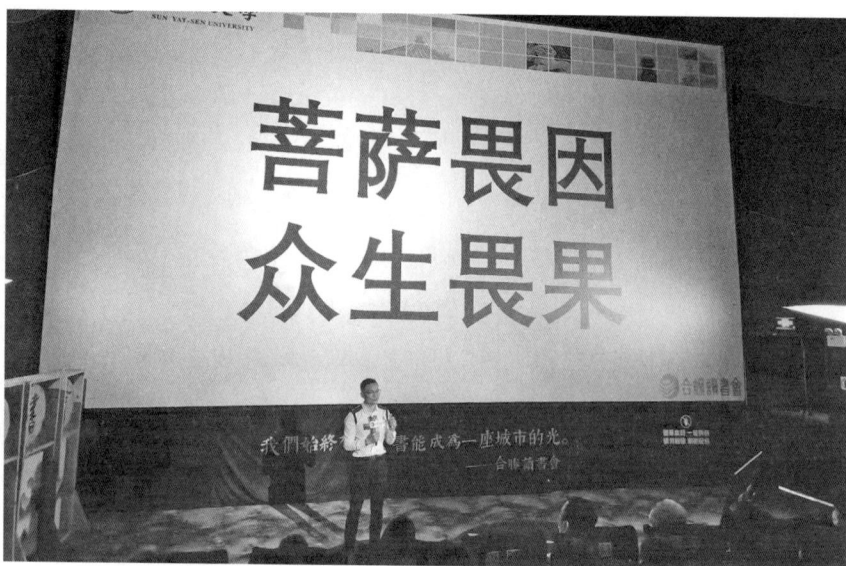

导　读

对话比对抗更重要

曼德拉曾被关押 27 年，受尽虐待。就任总统当天，他邀请了 3 名曾虐待过他的看守到场。当曼德拉起身恭敬地向看守致敬时，整个世界都静了下来。

曼德拉说："当我走出囚室迈向通往自由的监狱大门时，我已经清楚，自己若不能把悲痛与怨恨留在身后，那么其实我仍在狱中。"

危机缘起于对抗，终于和解。危机的最后阶段，无敌无我，敌我一体，和为最终方向。对话永远比对抗更重要。

心中无敌的人，真正天下无敌。

没有对错，只有不同

一天，子贡在孔子的私塾门口扫地，一个客人进来搭讪说："听说这里是孔子的学府，知识的殿堂，我想请教一个问题：一年到底有几季？"

子贡答道："春夏秋冬四季。"

客人哈哈大笑，说："听说您是孔子最有学问的学生，没想到这个都答错了！一年只有三季。"

"哎，您搞错了，四季！"

"三季！"

这时孔子刚从屋里走出来。两人同时问道："先生，一年有几季？"孔子看了一眼这个浑身绿色的客人，然后说："一年只有三季。"

绿衣人哈哈大笑，高兴地扬长而去，子贡目瞪口呆。

绿衣人走后，子贡迫不及待地问："老师，一年明明有四季，您怎么说只有三季呢？"

孔子说："你没看到刚才那个人全身都是绿色的吗？他是蚂蚱，蚂蚱春天生，秋天就死了，在他的生命中，一年只有三季，他是对的。你是人，生命中有春夏秋冬，一年有四季，你也是对的。"

没有绝对的对错，只有角度的不同。理解人生，理解危机，应作如是观。

内心有敬，外在有让

在悬崖的狭隘小道上，一名驾着车的成功企业家与一名拉着农用车的民工迎头相遇，必须有一人为另一人让步，彼此才能顺利通过。如果互不相让，有可能车毁人亡。

谁应该退让呢？

危机冲突处理有一个理论叫"幸福让"。当对抗尖锐时，幸福感强烈的人必须为他人优先让步。这无关道德，只关机会成本——你死我活的斗争发生时，对于无产阶级来说，失去的只是锁链；对于有产阶级来说，失去的可能是整个世界。

儒家文化中最重要的一个观念就是：克己复礼。仁者不会要求改变别人，只会改变自己，做一个内心有敬、外在有让的人，所以仁者的生活平顺、宁静又幸福。

一念落，一切落

灵鹫山法会上，弟子问释迦牟尼："您被人辱骂了也不为所动，您为什么选择无视呢？"

释迦牟尼答："如果有人送东西给对方，对方不接受，那么这东西最终是谁的呢？"

"是赠送人的。"

"那么言语也是一样。"

危机沟通，一念起，一切起；一念落，一切落。

危机决策的三个方向

孔子说，君子一生要追求三种境界：智者无惑、仁者无忧、勇者无惧。危机管理的正确决策都是依附于人格的完整性而进行的。当至暗时刻来临，一时看不清方向时，正确的决策方向就是：积极沟通、勇于担当、慈悲为怀。

但行好事，莫问前行。

善恶有报的因果论，从来都成立。

幽默是智慧的一抹微笑

有一次，我去川菜馆吃饭，专门叮嘱服务员不要放太多辣椒。上菜后却发现每道菜都很辣，于是向服务员抱怨。她想了一下，然后说：

"先生，真是对不起，估计厨师刚忘了看备注。您要不玩会儿手机，过一会儿再吃。"

我惊讶地问："过一会儿再吃，菜就不辣？"

服务员顽皮地向我眨眨眼，说："时间可以冲淡一切。"

············

我哈哈大笑，发现气消了，菜也开始变香了。

人生不易，生活已经够苦，而幽默是智慧的一抹微笑，让人在欢笑之余忘却不满与痛苦。

内观自性不动

同样作为台湾文坛的知名人物，因立场不同，李敖视余光中为宿敌，并痛骂了余光中几十年。余光中淡然处之，从不回应。

记者采访余光中，问及此事，余光中说："李敖天天骂我，表示他的人生不能没有我；我从不回应，表示我的人生可以没有他。"

"蜗牛角上争何事，石火光中寄此身。"禅意在心的人，内观自性不动，宠辱不惊，闲看天上云卷云舒。

危机管理，考验的不仅是技巧，更是胸怀与素养。

害怕是一种天赋

让刚出生半年的婴儿在地上自由爬走，遇到有落差的台阶，多数婴儿会止步，并往回爬——这是进化赋予人类对危险逼近的害怕本能。

害怕是一种危险逼近时的强烈情绪体验，它能激发我们的防御系统、应变能力以及谨慎决策能力。这是进化赋予我们的天生能力，也是抑制危机的本能习性——当进入某些场合、接近某些人时，你忽然隐约有某种不妥或不安感，请相信你的直觉，危险或许就隐藏在面前。

害怕是一种天赋。危机管理者需要强化这种天赋，识别危机临界点，作出正确决策。

对一切不假思索，是这个时代最大的恶

1961 年 4 月 11 日，犹太人后裔、政治学者汉娜·阿伦特曾被派往耶路撒冷旁听对阿道夫·艾希曼的审判。艾希曼是纳粹二号人物、党卫军首领，曾麻木不仁地屠杀过成千上万的人。阿伦特的父母就是在"二战"中被纳粹杀害。

未见到艾希曼之前，原先以为他应该长着恶魔般的脸，可是当他出庭时，阿伦特却看到了一个着装整洁、为人彬彬有礼、讲话慢声细语、看人的眼神甚至充满羞涩的普通男人。

审讯结束后，阿伦特写了一篇长篇报道《艾希曼在耶路撒冷》，她在报道里写道："艾希曼并非什么特殊人物，从他交代的材料和心理医生的诊断来看，这就是一个普普通通的人，几乎可以说可怕地正常。"然而这样一个人，为何毫无理由地屠杀无数人？"纯粹地对任何决定不假思索地接受并实践，让他成为一个罪恶的人，这是一种平庸的恶。"

对一切不假思索，就是这个时代最大的恶。

有些危机的发生，就是管理者对一切指示与规定不假思索。

目

Contents

录

第1讲 危机意识：害怕是一种天赋

· · · · · · · · · · · · · · · ·

　　"危机"一词来自希腊文，由"医学之父"希波克拉底创造，意指"病人体温上升，医生到了关键决断之时"。危机意识就是一种直觉，预知到危险的逼近。

希波克拉底

2004 年 12 月 26 日，英国 10 岁的蒂莉·史密斯（Tilly Smith）跟爸爸妈妈在泰国度假胜地攀牙湾游玩时，突然发现远处海水变得不平静起来，她马上觉得非常不安。

聪明伶俐的蒂莉十分喜爱地理，圣诞节的两个星期前还在学校里专门研究了"巨浪"，堪称一个地理小专家。她注意到远处的海水开始出现泡沫，水流的速度也在加快，且急速后退，大海远处突然涌现出了一波白色的巨浪，将蓝天和大海明显隔成了两半。观察力敏锐的蒂莉凭借自己在学校里掌握的地理知识，意识到这绝对不是一般的惊涛骇浪，很有可能会在顷刻之间把整个海滩吞没。于是，焦急万分的蒂莉就让她的爸爸妈妈动员沙滩上的游客赶快撤离这个危险的地方。当疯狂逃命的 100 多名游客刚刚抵达安全的地方时，海啸的白色巨浪如排山倒海般奔涌而至，转眼间就把原先热闹非凡的海滩吞没了。

2005 年 12 月 26 日出版的法国杂志《我的生活》封面上，英国女孩蒂莉站在泰国普吉岛上露出甜甜的微笑。《我的生活》是一份法国儿童刊物，面向 10 ~ 14 岁的读者。一个名为多米蒂耶的 10 岁女孩说："如果蒂莉不在那里，海啸就会使更多人丧命。"蒂莉被《我的生活》评为 2005 年"年度儿童"。

蒂莉这种对于危险逼近的直觉，在进化心理上属于天赋本能。从远古开始，人们就对危险的逼近有某种天然的敏感性，正是这种敏感性让人类能够趋利避害。

让刚出生半年的婴儿在地上自由爬走，遇到有落差的台阶，多数婴儿会止步，并往回爬——这是进化赋予人类对危险逼近的害怕本能。

半夜酣睡时，有时你会忽然抽搐一下。这是因为我们入眠之后，身体的运动节奏开始趋于停止，大脑误认为躯体濒临死亡，于是向其发射一个医学上叫"肌抽跃"的脉冲，刺激神经重新振作，这也是人类在进化过程中的一种避险天赋本能。

害怕是一种危险逼近时的强烈情绪体验，它能激发我们的防御系统、应变能力以及谨慎决策能力。这是进化赋予我们的天生能力，也是抑制危机的本能习性。

害怕是一种天赋。危机管理者需要强化这种天赋，识别危机临界点，作出正确决策。

中国交通部门曾经公布每年非正常死亡的数字，这个数字看起来是那么触目惊心。每一年除掉正常死亡之外，中国每年的非正常死亡情况，包括交通意外、安全意外，死亡总人数约为 320 万。这种不测就是在危险发生之前，我们不能预见它所引发的一种悲剧。

危机管理的基础就是危机意识，危机的核心指向就是预见危险的逼近。

危机管理的核心是拯救，拯救一些可能因为灾难、意外、负面所伤害的一切生命体、声誉与信任。

每个组织、每个人都应当有强烈的危机意识。这种意识会引导我们去预见危险的发生。

学习危机管理，就是学习危机敏感预见力：在危险逼近时，预见危险发生。

危险预见力是一种高度专业化的本能。我们所说的第六感，是一种基于长期氛围浸润、高度专业化之后形成的特别直觉。一个人只要在某一个领域业精于勤，对业务与技术有钻研总结，一种特别的直觉就会形成。

危机意识是一种高度专业化能力。

危机意识更是一种因果敬畏心：有作恶，便有恶果；有违法，便有制裁；有善行，必有福报。

作为普通人，当你有强烈的危机意识之后，你走在路上就会更加遵守交通规则。

如果你是企业的管理者，从此在生产运营的时候，你会把生产的安全、品质的把控放在企业管理的最重要之处。

如果你是一名政府行政官员，你会更加落实安全措施的检查，把百姓的安危作为政府行政管理的基础。当你有这种基本思维时，你就拥有了危机管理最重要的素养——直觉、防范、警惕。

危机意识就是一个人预见危险发生的敏感性。但是在日常生活中，人们会自我意识松懈，善泳者为何溺于水，不是游者泳技不精，恰恰相反，因为熟悉水，所以对水失去敬畏感和恐惧感。

过分自知，等同无知。

通过很多重大的公共安全案例可以看到，虽然我们每个人都知道危机管理的重要性，但实际上做起来的时候却困难重重。因为人的意识就像一条抛物线一样，开始很重视，慢慢放松，继而忽视。

2014 年 12 月 31 日 23 时 35 分，上海外滩发生了特别惨重的公共安全事件。其时正值跨年夜活动，很多游客市民聚集在上海外滩迎接新年，上海市黄浦区外滩陈毅广场东南角通往黄浦江观景平台的人行通道阶梯处底部有人失衡跌倒，继而引发多人摔倒、叠压，致使拥挤踩踏事件发生，造成 36 人死亡、49 人受伤。

2015 年 1 月 21 日，上海市公布"12·31"外滩拥挤踩踏事件调查报告，认定这是一起对群众性活动预防准备不足、现场管理不力、应对处置不当而引发的拥挤踩踏并造成重大伤亡和严重后果的公共安全责任事件。黄浦区政府和相关部门对这起事件负有不可推卸的责任。调查报告建议，对包括黄浦区委书记周某、黄浦区区长彭某在内的 11 名党政干部进行处分。

当晚参加新年倒数的游客很多，其中大部分是学生。警方派出大量的警员在外滩的各个路口进行交通疏导。外滩这个地方非常狭长，按照大型活动的安全管理规定，每个场所都有一个人数安全容纳的最高限度，超过那个限度则应阻止新的人员进入。

事故发生当天的热力图①显示，晚上 8 时，外滩已经多处人流高度拥挤。现场执勤管理部门在设卡管制时，虽然也意识到人流太大，他们努力维护秩序，费尽口舌劝阻新来的游客进入，但并没有采取更为强硬的阻挡措施。

巨大的安全风险就在几分钟的瞬间迅速叠加。

在安全管理上，"劝说"与"强制阻止"这两个词有很大的区别，前者是温和诱劝，后者是强硬措施。如果当时现场管控人员意识到巨大的公共危险正在逼近，采取的措施就不应是劝阻，而应是强制阻止。很多游客虽然被交警和交通疏导员劝阻离开，但是依然绕过各种封锁进入

---

①　热力图是用不同颜色的区块叠加在地图上实时描述人群分布、密度和变化趋势的实时图，类似高德导航。

了外滩。

在生活中，我们要做一个乐观主义者，相信美好的一切都会慢慢到来。在危机防范中，我们要做一个悲观主义者，假设最坏的事情会发生，并立即采取必要的手段阻止其发生。

在上海本次公共危机事件中，我们没有权利去责备任何人。

社会发展的一个法则叫"墓碑进步"，前人付出的鲜血的代价会换来社会的进步。从危机管理上，我们更应该反思如何避免类似的事情再次发生。

危机管理中，每一个行政官员都应该有强烈的危机意识，意识到危险发生的临界点在哪里，一旦逼近那个临界点，管理者就要采取强力措施，化解安全风险。

在所有等级的危机中，导致人命伤亡是最高等级的危机。

在企业管理中，也是类似这种逻辑。当管理者明确感知到企业运营存在危险因素时，虽然法律并没有明确规定企业必须不能那么做，但是作为高级管理人员，应该及时进行改变，采取提前干预的措施。可惜松懈的意识总是让我们对于危险的逼近毫无感觉。

2018 年 12 月 8 日，上海一家著名的商场发生了一起悲剧。

一对夫妻带着 11 岁的女儿去商场逛街。在某服装店中，父母忙于挑选衣服，小女孩则在店中玩耍。当她站在一面镜子前自照时，这面高 3 米、宽 1.5 米、重达 300 斤的镜子忽然间毫无征兆地倒了下来，直接砸在这个小姑娘的身上。孩子送医之后，不治身亡。

这面镜子为什么会倒下来？最后调查的结果是这个重达 300 斤的镜子，店方竟然只是竖在墙边，没有用铆钉，也没有用其他安全的设备把它固定。店方经理在接受采访时说："我们也没有想过这个竖在墙上的镜子突然就会倒下来，过去几年它都是安全的。"

当危险还没有发生时，一切看起来都是美好的。

佛经里曾有这样一句偈语："菩萨畏因，众生畏果。"在佛经中，菩萨指的是正在走向觉悟的人，众生指的是还未觉悟的人。这句话的意思是，已经觉悟的人会害怕因，就是念或者根源，因为有因就有果，只要有种子就会有果实，只要有祸根就会有祸果。所以菩萨敬畏因果规律，不会忽视危险因素，不会对规则视而不见。

糊涂的众生因一叶蔽眼，不能知晓因果，看透轮回，对恶的根源认识不足，所以只有到了严重的后果出现，才会悔不当初。

讲到危机预见力时，我们必须提到一个特别的人——四川安县桑枣中学的校长叶志平。在汶川地震后，他的事迹被广泛地宣传，曾经被媒体称为"最牛校长"。

1995 年起，叶志平担任桑枣中学校长兼党支部书记。在叶志平心中，保护孩子的安全是第一位的。

一上任，他做的第一件事情就是加固校舍，把学校里面所有不安全的地方重新修整，比如宿舍、公共走廊。但他最担心的还是学校的实验教学楼，此楼始建于 20 世纪 80 年代中期，当时没有找正规的建筑公司，并且断断续续地盖了两年多。到后来，竟没有人敢为这栋楼验收。当时的新楼，楼梯的栏杆摇摇晃晃的，楼板缝中填的不是水泥，而是水泥纸袋，大楼的承重柱子不符合标准。面对这样一栋华而不实的危楼，叶校长下定决心进行维修加固。

从 1997 年开始，连续几年叶志平都从学校有限的经费里挤出钱来，对这栋楼进行了改造加固。如果实在拿不出钱，他就厚着脸皮跑教育局要，以至有一段时间教育局的人都害怕见到这个顽固的中年男人。

在加固校舍的同时，叶志平坚持定期进行全校性的消防安全演练。在特定时间，他按下警铃后，各个班的班主任要带着同学们在指定的路线，以最短的时间跑到学校安全的地方集中。

刚开始叶志平推行消防安全演练时，学生跟老师们都不太理解，认为不需要这么频密地进行，因为平时感觉很安全。但叶志平不为所动，他明白安县地处四川腹部，这是一个地质板块不稳定的地方，小震常有，虽然还没遇到大震，但危险是存在的。作为校长，他必须时刻警惕危险的到来，保护学生的安全。所以，他顶住压力，坚持把消防安全演练推行下去。

2008 年 5 月 12 日，汶川地震来临，造成重大人员伤亡，桑枣中学却创造了两千多名师生无一伤亡的奇迹。地震后，许多家长赶到学校，看到在操场上的孩子安好无恙，眼泪不禁流了下来。

预见危险的发生，时刻做好防范风险的准备，叶志平身上强烈的危机预防意识，与德国著名哲学家海德格尔"向死而生"的理念不谋而合。

人物档案：

叶志平（1953 年 9 月 9 日—2011 年 6 月 27 日），男，汉族，四川绵竹人。生前是四川省绵阳市安县桑枣镇桑枣中学校长。他秉承"责任高于一切，成就源于付出"的理念，多年来不断对教学楼进行加固，引导学生进行安全疏导训练。在 2008 年"5·12"汶川特大地震发生后，自己学校的学生和教师无一人伤亡。震后，他以一个共产党员高度的责任感，带领全校教职工自强不息地战斗在抗震自救的最前线，被称作"最牛校长"。2011 年 6 月 27 日，他因脑出血在四川成都辞世，享年57 岁。

（百度百科）

第 2 讲
危机规律：不要把事情闹大

在危机事件处理中，无论如何，都不要让自我成为一种传奇。木秀于林，风必摧之。

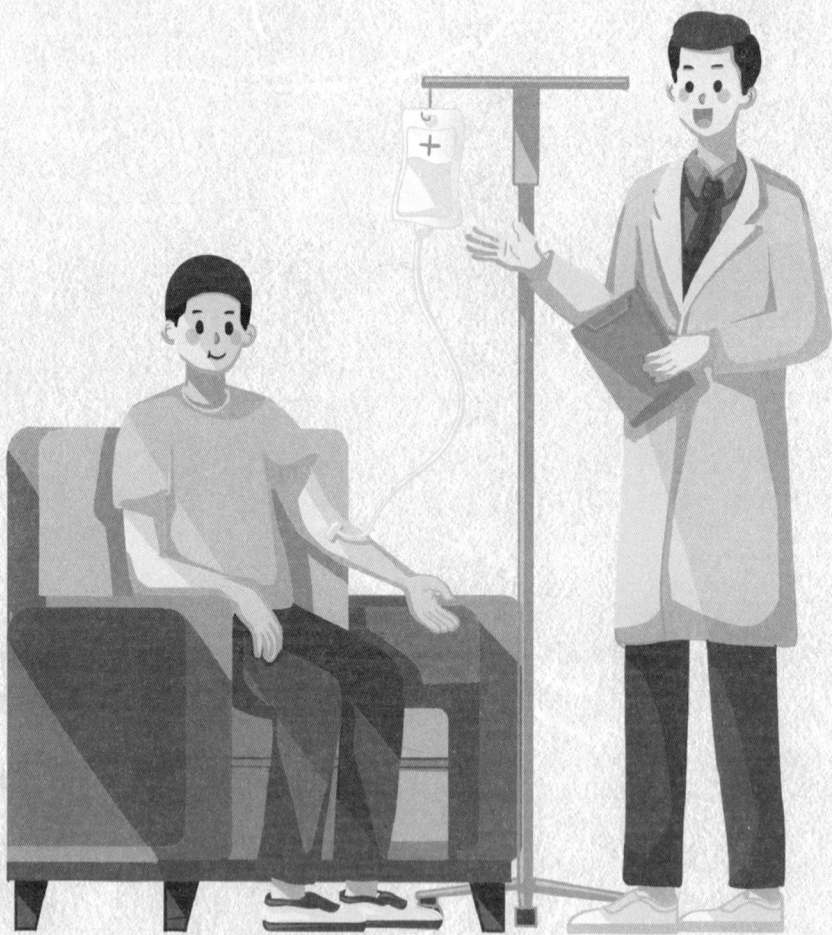

"什么叫健康的人？"有人问医生。

医生答："还没有去检查的人。"

日本人 80% 死于癌症，而非洲人很少死于癌症。原因很简单，日本有世界最高的平均寿命（83 岁），而非洲有全球最低的平均寿命（50岁），许多非洲人还来不及得癌症就去世了。

寿命越长，得癌症的概率就越大。知名度越高的企业，爆发危机的概率就越大。规模越大、经济越发达、人口流动越大的城市，发生维稳、上访、群体事件、重大事故等公共安全危机的可能性就越大。

公元前 486 年，灵鹫山法会上，弟子须菩提问佛祖释迦牟尼："世尊，世间为何有死？"

佛祖答："因为你生了。"

世上的一切都是相辅相成的，一个开端的出现，会带来另外的开端。

有生就会有死，有发展就会有危机。

组织的知名度越高，公众的期望值就会越高。而这种期望在无法持续地维持在一个高位上的时候，失望就会到来。而失望就会带来批评、投诉与维权，这就是危机的出现。就危机管理的规律来讲，一个组织危机发生的概率，跟其知名度是成正比的。

如果一家企业创立至今没有发生过任何一次危机，有两种可能：一是公司管理非常到位，滴水不漏，管理者把所有危机因素都消除了；二是企业规模太小了，关注度太小，用户数量不大，公众期望值也不高，危机还没有"幸运"降临。

危机发生的规律与生死循环是同理的。

只要有成长，就会有衰老。只要有流动，就会有枯竭。只要有上升，就会有下跌。只要有拥有，就会有失去。

一个开端一旦出现，就必定会有另外一个开端相辅相成。只要这个社会向前走，冲突、对抗、不满就一定会到来。

对危机的认识就是一种对规律的认识：危机的出现，跟成长有关，跟发展有关，跟向前走有关。就像烈日炎炎的白天，走在街上，阴影一定会出现在背后，这是一个必然的规律。

　　把社会组织、企业比喻为身体，我们或许更能够理解危机的规律。中国每年得癌症的人数大约有 260 万，每年大约有 180 万人会因此而死亡。医学告诉我们，人的身体是一个多组织、多器官的有机体，身体的组织细胞每时每刻都在生长、增殖，也在死亡。所以，我们的细胞里，有抑癌的基因，也有原癌的基因。抑癌的基因在细胞生长繁殖的过程中起到了调控的作用。如果调控机制出现紊乱，就会导致人体细胞发生突变，产生癌细胞，最终使某些人得了癌症。

　　那为什么生活之中大部分人不会得癌症？不是他们身上没有癌细胞，而是他们的调控机制是正常的——我们永远战胜不了病菌，但可以长期与病菌和谐共存。我们永远无法消灭危机，但可以习惯把危机出现当成生活中必然之事，重要的是多加防范、提前抑制。

　　试图以改变外在的世界来追求完美是徒劳无功的。永远有意想不到的事情出现把人激怒，这是危机出现的根源。

　　把医学的观点放在企业管理与社会管理中，我们就能够认清危机发生的规律。只要这个社会向前发展，潜在的危机就会不断地增长与更新变化。这跟癌细胞在人的身体里的生长是一样的，年纪越大，癌细胞生长的速度就越快。

　　医生会建议病人均衡饮食，加强锻炼，以调解身体抑癌基因的良好运作。一切生物体都要习惯跟危机共存，彻底消除危机就像消除身上的癌细胞一样，是不可能的事情，只能抑制，无法根除。

　　正视危机的规律，并不是期望危机永远不发生。期望是美好的，但不现实。认清了危机的规律，就能形成正确的心态。

　　有些企业的管理者对自己的产品有很高的期望，信心十足，所以收到消费者的投诉时，会沮丧、愤怒，甚至会在这种愤怒的情绪下，对消费者的投诉作出过激的反应，比如打击报复、恶言相向，这些都属于对危机规律认识不到位的心理。

　　2020 年 9 月 10 日，北京一名姓谷的食客探访某地的狗不理餐厅，一边拍摄视频一边旁白称："酱肉包特别腻，猪肉包皮厚馅少，100 块钱两屉有点贵。"

　　这段视频发上网络后，一天内大概有一万的点击量，不少网友也跟着留言。面对网友的批评，这家狗不理餐厅坐不住了，马上发表措辞强烈的声明，称视频侵犯了名誉权，要求谷某删掉微博并道歉，并采取诉讼行为。

这家狗不理餐厅对于批评的强烈反应，让原本并不太受关注的这段视频迅速被围观。原来一万多的点击量很快超过 1 000 万，全国媒体都报道了本次事件，舆论批评铺天盖地而来。9 月 13 日，受到名誉影响的狗不理集团发表正式声明，解除这家狗不理餐厅的加盟权，立即撤销该店。

这家狗不理餐厅的危机这时真正爆发了。

从历史的规律来看，我们必须形成面对危机的三种基本的认识：一是不要把批评当成挑衅；二是不要把投诉当成攻击；三是不要把事情闹大。

政治中有一对重要的词汇——正确与正当。消费者批评的言论不一定是正确的，但消费者批评的权利是正当的。法国哲学家伏尔泰亦有相似名言："我不同意你的观点，但我誓死捍卫你说话的权利。"

而这三点中，最重要的是最后一点：不要把事情闹大。在中国舆论语境中，一件事情闹大后，政府关注、网友关注、媒体关注，过强的聚焦必然给责任主体带来巨大的舆论压力，这将触发监管机构介入、媒体调查以及网友人肉搜索等一系列意想不到的事情不断出现，危机事件的责任方最终得不偿失——按照过去 20 年我对危机事件的观察，一件事情闹大后，最终不会有赢家，即使责任主体对另一方作出赔偿或者退步，另一方也会因为过高的舆论聚焦而最终无法逃开网络暴力的袭击。

在危机事件处理中，无论如何，都不要让自我成为一种传奇。

"木秀于林，风必摧之。"这句话从来都适用。

心态决定做法，姿态决定事态。

当危机到来的时候，无论是公共安全的危机，还是舆论负面的危机，正确的姿态是首先自内而外地反省自己，寻找自我系统、制度、文化、服务管理中有没有漏洞。如果能形成这种自省的习惯性思维，可以说对危机的认识已经到了本质的层面。

管理者必须拥有积极的心态，把投诉当成善意的提醒，把危机视为改进的契机。这种心态是防范危机最佳的屏障——真诚的人具备狮子般的力量，无所畏惧，勇往直前。

对于组织管理者，要想减少危机的爆发，就必须有宽阔的心胸，也必须有包容的心态。政府行政长官不应该把百姓的民意批评当成滋事，更不能违背法律，动用公权力对当事人进行打击报复。如果是品牌的拥有者，不应把消费者的投诉或者反馈当成挑衅，而应从批评意见中找到有价值、有启发性的一些线索，从而改进内部的运营、品牌的服务方式。

反之，面对意外危机的过度反应、过激反应和错误反应，只会导致危机越走越偏，最终把一件小事情变成一个大事件，继而把事件升级为广受关注的事故，最终演变成为重大危机。

2017 年 10 月，广州市某医院的一位谭医生写了一篇帖子，批评内蒙古某著名药酒，说其添加了很多中药材，对有些体质较弱的老人家来讲是有害的。谭医生用了一个稍微夸张的标题来阐述他的意见，称之为"一杯来自天堂的毒酒"。

虽然这篇文章有数千个点击量，但影响还算很小。而该药酒面对这个舆论危机，采取的做法是以损害商业信誉之由报警。很快，凉城县警方跨省抓捕了谭医生，事情迅速发酵，全国媒体很快跟进报道。三个月之后，内蒙古高级检察院对谭医生作出了不起诉决定，认定其行为不构成诽谤罪，虽然措辞上不是很严谨，但属于消费者正常意见的表达，宪法保护每一个公民的言论自由。

听闻此事之后，许多网友对该药酒的打击报复行为感到愤怒，各种批评的声音此起彼伏，令该药酒品牌的美誉度跌到低谷，市场销量很快发生波动，经济损失惨重。

此次危机事件告诉我们，当一家企业只习惯赞美与掌声，而不习惯批评和不同的声音时，危机就会绵延不绝。

在中国企业界，有不少企业面对危机，其决策冲动与此类似，绝不允许任何批评的声音出现，以致一次次在危机决策上犯下与前人一样的过错。

冲动是魔鬼。

对话永远比对抗更重要，只是在强烈的愤怒面前，理性是那么苍白无力。于是，人们就会在同样的错误上，一错再错，永无止境，就如神话故事中那个推着巨石上山的西西弗斯，每抵顶点，石落复原，前功尽弃。明起，同样的痛苦又再循环。

如果说世界是心的镜像，那么危机就是一种错误念头的投射。当你对规律了解不到位，对因果不相信，对"危机指的是一种决断的情景而不是一个具体事件"这个定义理解不透彻时，错误的念头就会演变成错误的行为，错误的行为就会导致糟糕的后果。

批评一定会出现，危险一定会发生，一个组织只要持续向前进发，杂音出现就是必然之事。

我们要习惯与危机共存，而不是消灭危机，因为危机无法消灭。一个在阳光下行走的人，阴影相伴相随是必然之事。

真正伤害我们的往往不是事件本身，而是我们面对事件的决策。

从心理学的角度来说，生气是一个人智商不够的表现，因为生气的本质是对自己对事态发生无能为力的愤怒。

不要把事件闹大，处理危机如此，处理生活中的纠纷也如此。

人生长路，有人赞美，就会有人诋毁。这就是真实的人生，也是每个人必须接受的境况。或许我们应该记住法国哲学家阿尔贝·加缪的话："重要的不是治愈，而是带着病痛活下去。"

阿尔贝·加缪

第 3 讲

墨菲定律：没有一滴雨会认为
自己必须为一场洪灾负责

....

一件事情如果有可能会变坏，那么一定会变坏，而且会以最坏的方式变坏。

爱德华·墨菲

假设生日当天，你买了蛋糕准备与家人分享。家里的餐桌一向有些不平稳，你把蛋糕放在桌上时，心中有点担心，想着一会儿千万不要掉下来，否则今晚的欢乐生日就泡汤了。你越是担心，最终的结局就越会朝着你担心的方向发生。

蛋糕不仅掉了下来，而且是奶油一面朝下掉下来，重重砸在地上，更糟糕的是，家中的小狗听到了声响，迅速跑过来，一屁股坐在了蛋糕上面。这时，你不仅吃不成蛋糕，还得给小狗洗屁股。

这种让人沮丧的现象，在危机管理中被称为"墨菲定律"，意指你越害怕的事情就越会发生。

20 世纪的管理界有三大最著名的定律——墨菲定律、帕金森定律、彼得原理。

墨菲定律的残酷告诉我们，如果一件事情存在漏洞，那么这个漏洞不仅不会自我消失，反而会越来越大，最后导致致命事故发生。

2016 年 5 月 28 日，广东省江门市下属县级市台山市发布了暴雨警报，这是广东夏天来临时常见的天气情况。在台山市有一个很出名的漂流景区，叫凤凰峡旅游区。那天早上虽然下着大雨，但是仍有游客前来游玩。景区运营多年，之前也曾有暴雨时节漂流的过往，且没有发生任何事故，所以景区继续营业。

当天中午，一个来自深圳的旅行团进入景区漂流，当时已经暴雨如注，河水开始变得湍急，危险慢慢浮现。但面对逼近的危机，售票员没有提醒游客，检票员没有提醒，值班经理没有提醒，景区负责人没有提醒，安全员没有提醒，负责载客人上到山顶河流最高点的司机也没有提醒。

20 多名游客欢天喜地下河了，漂流船在急流中左右摇晃，当有人感觉大事不妙时，致命的洪水已经铺天盖地而至。正在游玩的数十名游客被突如其来的洪水卷走，当天造成 8 人死亡、多人受伤的重大事故。

西方有一句著名的谚语："没有一滴雨会认为自己必须为一场洪灾负责。"当组织庞大、管理的链条很长时，组织中的每名成员都会有错觉，安全责任在于他人，自己只是庞大机器中的一个无足轻重的螺丝，即使发现了危险，多数时候也没有人愿意站出来吹一哨、吼一嗓，提醒大家危险正在逼近。

2020 年 1 月初，一场突如其来的疫情在武汉爆发，防控疫情成为全国的紧迫任务，巨大的疫情风险危机一触即发。1 月 18 日，武汉市相关领导却依然决定在百步亭社区举行万人宴会——这是该社区由来已久的一项新年庆贺传统。

疫情兵临城下时，依然作出举办大餐会的最高行政长官们，或许会期待武汉城里的防疫部门、卫健委、区等下级机构会做好健康防护措施，而这些下级官员却期待级别更低的基层会做好这件事……最后，每个人都在期望别人会做好安全措施。然而，没有人做到。

这个最后的最后，有多糟糕？

2020 年 2 月 5 日中央电视台报道，百步亭社区 55 栋楼中有 33 栋出现了发热患者，超乎想象的严重后果终于出现——但是，没有一个行政管理者认为自己有错。

没有一滴雨会认为自己必须为一场洪灾负责。当组织太大、管理的链条太长时，多数人就会对即将到来的危机产生他者依赖心理，而这正是致命危机发生的根源。

在庞大的现代社会中，官员们如果存在消极的责任自我消除心理，将是糟糕的。这种心理就是美国政治学者汉娜·阿伦特提出的著名的"平庸的恶"观点——这种恶不是主观作恶，而是责任官员对行政管理的措施没有进行深入思考，没有进行价值判断，没有进行后果衡量。把个人完全同化于体制之中，或服从体制的安排，默认体制本身隐含的危险或者不道德甚至反道德行为，从而使自己成为巨大错误的毋庸置疑的实践者。

1961 年 4 月 11 日，汉娜·阿伦特曾被派往耶路撒冷旁听对阿道夫·艾希曼的审判。艾希曼是纳粹二号人物、党卫军首领，曾麻木不仁地屠杀过成千上万的人。阿伦特的父母就是在"二战"中被纳粹杀害。

未见到艾希曼之前，阿伦特原先以为他应该长着恶魔般的脸，可是当他出庭时，阿伦特却看到了一个着装整洁、为人彬彬有礼、讲话慢声细语、看人的眼神甚至充满羞涩的普通男人。

审讯结束后，阿伦特写了一篇长篇报道《艾希曼在耶路撒冷》，她在报道里写道："艾希曼并非什么特殊人物，从他交代的材料和心理医生的诊断来看，这就是一个普普通通的人，几乎可以说可怕地正常。"然而这样一个人，为何毫无理由地屠杀无数人？"纯粹的对任何决定不假思索地接受并实践，让他成为一个罪恶的人，这是一种平庸的恶。"

在危机四伏的时代，每一个领导人都必须有强烈的危机管理意识和反平庸之恶的思辨性：面对选择与决定时，能够更清晰地区分真理与谬误、恶与善、对与错。

危机管理中的墨菲定律是指：一件事情如果有可能会变坏，那么一定会变坏，而且会以最坏的方式变坏。所以，在可能涉及人员安危的事件上，管理者都必须假设最坏的情况会发生，并用倒推的逻辑，提前采取强力措施抑制一切可能变坏的情况发生。

当公共安全危机可能发生时，行政管理者须硬性强制而不是柔性劝说，须立刻改变而不是心存侥幸。群众可以缺乏安全的判断力，但行政管理者不能失却危机防范的大局观。

在安全责任面前，每个人更应该记住的是：在雪崩面前，没有一片雪花是无辜的。

墨菲定律最大的价值，就是提醒我们必须时刻进行危机的预防。

何为最出色的危机管理？治未病。

记住三条永恒危机的规律——

如果你担心某种坏事会发生，那么它就一定会发生。

一件坏事如果会发生，最终会以最坏的方式发生——如果你没有提前进行干预。

一件坏事被消灭，另一件坏事就准备冒出。危机永不消失，只会暂时消沉。

新闻链接：

2021 年 5 月 22 日，甘肃白银市山地马拉松赛遭遇极端天气，21 名参赛人员被找到时已失去生命体征。

白银市从 2018 年开始举办黄河石林山地马拉松百公里越野赛。本次比赛和乡村振兴健康跑于 22 日上午 9 时开赛，共有近万人参加比赛和健康跑。黄河石林山地马拉松百公里越野赛共 172 人参加。比赛进行到中午，百公里越野赛高海拔赛段 20 公里到 31 公里处突遭灾害天气，短时间内局地突降冰雹、冻雨并伴有大风，气温骤降。

本次事件堪称国内马拉松赛事有史以来最严重的灾难之一。新华社刊发评论称，在反思和追问悲剧的背后，赛事主办方在开赛前是否做到赛事的应急预案和完备的医疗保障？如果在发现气象异常后，赛事主办方有勇气及时叫停比赛，那么将会避免酿成更大的悲剧。一味追求赛事难度，失去对办赛和生命的敬畏之心，悲剧就这样发生了。马拉松"热"不应遭遇如此"降温"。

（新华社）

在公共安全管理中，一个事件如果发生意外的概率大于零，就一定会有发生的可能。

墨菲是一位美国空军飞行员，他提出这个定律是根据长期飞行观察总结而来：任何的马虎都可能导致机毁人亡。所以，墨菲总结了一个影响深远的定律：当事情已经出现漏洞时，尽管这个漏洞目前看起来很小，但如果发现者没有堵住它，任由它继续恶化下去，最终坏事一定会到来。中国的古话里有一句叫"千里之堤，溃于蚁穴"，也是类似的意思。

墨菲定律包含了四个方面的内容：一是任何事情都没有表面看起来那么简单；二是事情变坏的过程比预计的时间要长；三是会出错的地方总会出错；四是如果你很担心某件事情会发生，最后很有可能会发生。

墨菲定律告诉我们最简单的原理就是，有因就会有果，有漏洞就会崩溃。所以，防止墨菲定律成谶，管理者对因果要有敬畏心。任何时刻都不要存在侥幸心理。但凡会出错的，总会出错。

国内某个城市的警方在扫毒时，抓获了一批正在吸毒的嫌疑人，其中有一个吸毒者是年轻的姑娘。就在警员对所有人履行拘留手续时，这个姑娘对民警说："今天不能把我带走，因为我是个单身母亲，家中有两个年幼且无人照料的婴儿。"

这个姑娘讲到孩子独自在家一事时，表情并不严肃，不像一个正常的母亲对孩子的关切之意。当时民警对于她所陈述的话不置可否，依法将其刑拘。

几天后，有市民向 110 反映，他们经过一座民居的时候，隐约闻到了刺鼻的味道。民警接报之后，发现两名婴儿倒毙家中——这个姑娘所陈述的是真实的。媒体报道后，办案民警被追责。

在进化论中，害怕是一种天赋。当一个人害怕时，全身的警觉性会特别强，这时就没那么容易被危险所伤害。反之，当一个人觉得一切都无所谓时，就会放松警惕，危机随时而至。

当管理者形成强烈的警惕性时，一旦有当事人提出跟性命安全相关的信号时，我们就必须假定它是真的，并迅速查实，堵住所有可能的漏洞——按照墨菲定律的启示，任何可能出现差错的概率，一旦存在，就有可能出现。

如果当年那位民警听了那个姑娘的话后，有足够的警惕性，他就应该去核查线索，防止可能的危险变成现实，打破墨菲定律所带来的"诅咒"。

生活之中，我们要做一个乐观主义者，相信通过人为的努力，可以排除所有安全的隐患，可以排除危机的因素。

工作之中，我们要做一个悲观主义者，要假设坏的事情就在身边，总是伺机而动，所以预防、警惕、落实责任制，是防止悲剧发生的必要措施。

据说"二战"之前，美国空军用的降落伞曾经存在千分之一的不合格率。虽然空军不断给生产降落伞的厂家施压，但负责人愁眉苦脸地回应说，他们已经尽力了，无法再提高降落伞的合格率了。

空军最后制定了新的政策，验收降落伞的第一个环节就是，随意挑选一个降落伞，然后要求生产厂商负责人背上，从飞机上跳下去。

从此降落伞的合格率为百分之百。

态度做不到的事情，制度来补缺。

请再次记住墨菲定律的观点：一件事情如果有可能会变坏，那么一定会变坏，而且会以最坏的方式变坏。我们一定要提高警惕，敬畏规则，敬畏因果，敬畏自然。

第 4 讲

海恩法则：危险的吹哨者

· · · · · · · · · · ·

　　每一场大危机来临之时，都会有无数的先兆出现，组织要培养善于发现危险信号的吹哨者。

帕布斯·海恩

2020 年，中国企业界影响颇大的危机事件就是瑞幸咖啡退市。

2017 年，瑞幸咖啡在厦门成立，创立九个月就登陆了美国的纳斯达克，创下了全球新兴企业从创立到上市最快的纪录，不仅成为纳斯达克上市概念股的明星，也受到了很多中国年轻消费者的追捧。正是这样一个明星企业，2020 年 4 月 2 日曝出造假危机，引发了滔天巨浪。两个多月后，即 2020 年 6 月 29 日，瑞幸咖啡正式提出了退市的预告。

瑞幸咖啡的这次危机，可以视为一家明星企业所遭受的一场致命的重大危机，也使中国概念股集体蒙受了一次耻辱。因为瑞幸咖啡的造假不仅给投资人、给瑞幸这个品牌带来了重大的影响，还给所有在美国纳斯达克上市的中国品牌概念股都带来了集体的负面影响。

中国有句古话叫"冰冻三尺，非一日之寒"。理解了这句老话，就理解了危机管理中的海恩法则。

海恩法则是由德国一位飞行工程师海恩提出的一个定律：每一次重大灾难来临之前，都会有三十次轻微的征兆，以及三百次未遂的事故。

从危机的规律论来说，每一次重大危机的到来，其实并不是一个黑天鹅事件，而是一个灰犀牛事件。黑天鹅跟灰犀牛在企业管理中是两个重要的概念。黑天鹅因为罕见，所以代表小概率事件；而灰犀牛因为常见，所以代表大概率事件。

一次重大危机的发生，前面有很多小的征兆。这些小征兆就像灰犀牛一样，很常见，所以人们对这些征兆的出现并不太敏感。最终这些小的征兆不断地叠加，就成为压垮骆驼的最后一根稻草。

瑞幸咖啡的这次造假危机，导火线并不是 4 月 2 日的事件。早在2019 年初，美国有一家著名的证券研究公司叫"浑水公司"，该公司引述了一些数据，也调查了瑞幸的门店，发布了一份瑞幸存在大规模造假的研究报告。这份报告一曝光，就引发了监管机构与投资者的关注，但是瑞幸的第一个做法是否认所有的指控。

危机忽至时，大部分涉事的责任主体都会跟瑞幸公司一样做出类似的举动。面对指责，本能反应就是否认。如果你的否认是基于事实的，那么这种反应无可厚非。但如果这种否认是为了掩盖自己曾经犯下的过错，那就等于犯下了致命的过错：没有把批评当成善意的提醒，没有把意外当成反思的机会，就会错过可以避免更大危机到来的机会。

回看瑞幸危机发生的过程，让人觉得既可恨又可惜。可恨之处在于，作为一家有志在中国超越星巴克的企业（到 2020 年 2 月份，瑞幸咖啡在中国内地拥有门店 4 500 多家，这个数量已经超越了星巴克），瑞幸咖啡是中国咖啡行业一颗冉冉升起的明星，很多人对其寄予厚望。但是谁都没想到，这样的业绩背后存在造假，这是一个品牌品行不端的可恨之处——我们震惊于瑞幸咖啡的造假，更震惊于在其这么长时间的造假过程中，没有任何一个内部人敢站出来反映问题——这个组织的企业文化没能培养善于对危险发出警报的吹哨者。

之所以觉得可惜，是因为瑞幸咖啡没有把海恩法则纳入企业的战略管理思想，对危机的信号识别不到位。每一次重大灾难来临之前，都会有很多细微的征兆以及未遂的事故在不断暗示着。

如果瑞幸的管理层对 2019 年浑水公司的指责足够警醒的话，他们应该在被指责之后展开内部调查。每一个小的征兆都可能代表一条裂缝，每一个未遂的事故都代表一个可能存在的漏洞。

作为组织的管理者，要有一种对风吹草动高度敏感的心理，而不是抱着外来指责都为恶意行为的偏激心理。只有这样，我们才能在日常管理中把事故发生的概率降到最低。所以提起海恩法则的时候，我们经常会将其与墨菲定律相提并论。因为这两个法则虽然描述的内容不一样，但是在企业的危机管理中，它们都是互相作用的。

案例索引：

2009 年 7 月 10 日，一则题为"开封杞县钴 60 泄漏"的帖子在各大网络论坛流传。帖子称当地一家叫利民辐照厂的工厂，在 6 月 17 日放射源使用后无法放进深层地下冷却水而裸露在空气中，造成钴 60 泄漏直接辐射，瞬时成为网友关注的焦点。

该网帖称，利民辐照厂是利用原子能高新科技来辐射储存大蒜的企业，事发当日，"因为操作失误，货物倒塌砸坏了放射源存放时所用的管道，使放射源使用后无法放进深层地下冷却水而裸露在空气中，造成钴 60 泄漏直接辐射"，"有关目击者称，辐射直接导致周围货物失火"。

在 6 月 17 日利民辐照厂发生事故之后，面对层出不穷的传闻，当地政府部门却用"三不原则"来冷处理：不发布通告、不允许报道、不接受采访。这个"三不原则"进一步加剧了百姓的猜测心理，恐慌情绪开始到处传播。

7 月 17 日，受到谣言影响的数十万群众逃离家乡，前往附近县市"避难"，汽车、拖拉机、三轮车等各种车辆堵满了该县通往周边县市的道路，重大危机爆发。

（《南方都市报》）

公众对一件事情存在关注与信息了解的需求，执政者如果故意忽视，并努力封锁消息，这种做法就如鸵鸟遇到危险时，把头埋进沙子视而不见一样，试图掩盖自己的双眼来躲避灾难一样可笑。

必须对异常信号保持高度的警惕。保持警惕的同时，组织的管理者也必须在特定群体中培养善于发现危险源的"吹哨者"。

许多人对"吹哨者"这个词的熟悉是来自武汉市中心医院的李文亮医生。2019 年 12 月 30 日下午，34 岁的武汉市中心医院眼科医生李文亮在同学群发布了关于华南海鲜市场疫情的言论，声称"华南海鲜水果市场确诊 7 例 SARS"。

李文亮大胆说话的结果就是，因"在互联网发布不实言论"，他被辖区派出所提出警示和训诫，并被严厉要求不再发布类似会引起恐慌的信息——当警惕危险逼近的哨音被消声后，危机就被刻意视而不见。

研究世界危机事件发展历程会发现，要阻止重大危机的发生，执政者必须在一定程度上允许不同声音出现：参差不齐将逐渐逼露真相，整齐划一却催生麻痹大意。在许多重大社会危机的爆发案例中，我们可以看到类似的规律——站在一线的吹哨者吹响了危险逼近的哨音，却被执政者以散布谣言之名加以阻止。

历史告诉我们，如果这个世界只允许一种声音出现，那么这种声音通常是有害的。

当社会性的大危机来临时，人们会变得惊慌失措，于是信息的知晓就成为化解焦虑的解药——可惜人们要么盲目相信一切，要么拒绝相信一切。我们永远无法抵达真相，只能无限接近。坏是好的循环，冲突是和谐的必然，结束是新的开始。

如果把所有的错误都关在门外的话，真理也会被关在门外。我们有时从错误中学到的东西，可能比从真理中学到的还要多。

人们永远看不到绝对的真相，只看到绝对的立场与相对的观点。古罗马皇帝、哲学家马克·奥勒留在《沉思录》中写道："我们听到的一切都是一个观点，不是事实。我们看到的一切都是一个视角，不是真相。"

当所有人都说某件事情是对的，你须多一份质疑的心理；当所有人都说某件事情是错的，你应存多一份寻找其可能是对的念头。

对海恩法则的漠视，会让人对危险逼近放松警惕。

组织的发展需要同一心，但更需要求同存异，君子可以和而不同。如果组织对于持不同意见者有适度的宽容，那么当面临重大决策时，特别是涉及风险的提示，就不会出现集体无意识这种误区。

吹哨者不仅在防控重大的公共卫生安全事件上有重要作用，在企业危机管理中同样扮演非常重要的问题发现者角色——有些企业专门设立首席投诉官职位，其职责不仅是处理投诉，更是主动给自己的企业"找碴"，找出不足之处，以自我补上缺漏。

中国餐饮行业的领头羊——海底捞，许多人赞赏其品质管理、服务管理做得好，这一切的背后离不开其企业文化根基的与众不同。一般企业对投诉通常都是持反感的态度，但是在海底捞的企业文化中，对客户的投诉不仅是接纳，甚至是赞赏——无论投诉什么事项，海底捞都会重视，因为这说明客户对品牌是有期许的。

海底捞有今天的规模，能够上市成为中国餐饮企业的第一品牌，原因有很多。其中有两点原因是很重要的支撑：一是不断追求品质的严格把控；二是在危机制度中，把投诉的客户视为最好的吹哨者，借此反查自我管理中的漏洞。

海底捞甚至还设立了一套制度来奖励客户的投诉。如果投诉问题属实被确认，那么客户可以获得比如免单或者打折的相应奖励。

这种对待投诉的积极心态，很多企业并不容易做到。大部分企业对于投诉的心态通常是厌恶，很少会有赞赏甚至鼓励的行为。海底捞这种鼓励客户发现问题、主动上报问题的反馈机制，可以视为对海恩法则的一种推进与实践。

每一次重大的事故来临都会有很多细微的征兆。如果一个客户发现你的食品中出现头发或其他杂质，说明在食物烹饪制作的过程中出现了漏洞。这种漏洞如果能及时填补，就能避免其他更严重问题的出现。

可惜我们从历史上吸取的唯一教训，就是从不吸取教训。

案例索引：

2017 年 3 月 13 日，一名自称是陕西某电缆有限公司员工的网友，在网上发布了一篇名为"西安地铁你们还敢坐吗"的帖文。帖文称，西安地铁三号线存在安全事故隐患，整条线路所用电缆"偷工减料，各项生产指标都不符合地铁施工标准"，电缆线径的实际横截面积小于标称的横截面积，会造成电缆电线的发热过大，不仅会损耗大量动力，还可能发生火灾。

这位网友称，他之所以毅然在网络上举报此事，是因为之前曾经向公司内部管理层多次反映过电缆的质量问题，但均未获回应。于是，在屡次问题反映无效之后，出于一名工程师的职责，也为了保障乘客安全，他采取了公开举报的方式。

2017 年 3 月 20 日 21：30，西安市政府新闻办即刻召开第二次新闻发布会，公布抽检结果：5 份电缆样品均为不合格产品。当晚，"西安发布"发布了一段对这家公司法人代表王某的采访视频，镜头里的王某浑身颤抖，面对镜头，承认了公司以次充好、供应不合格电缆的行为，并向全市人民悔罪、道歉。

2017 年 6 月，国务院办公厅对西安地铁问题电缆事件进行了通报，对有关政府部门及下属单位问责追责共计 122 人，涉及厅级 16 人、处级 58 人、科级及以下 48 人，分别给予党纪政纪处分 93 人、诫勉谈话 16 人、批评教育 9 人、解除劳动关系等其他处理 4 人。对其中涉嫌违法犯罪问题的 17 人移送检察机关立案侦查。

被告单位陕西某电缆有限公司犯生产、销售伪劣产品罪，单位行贿罪，数罪并罚，决定执行罚金人民币 3 050 万元；被告人王某犯生产、销售伪劣产品罪，单位行贿罪，行贿罪，数罪并罚，决定执行无期徒刑、剥夺政治权利终身，并处罚金人民币 2 150 万元；其余 7 名被告人犯生产、销售伪劣产品罪，单位行贿罪，分别判处有期徒刑七年至十二年又三个月不等的刑期，并处罚金。

（澎湃新闻）

　　重视吹哨者这种角色，才能对组织的平稳运行带来保护。

　　西安电缆事件发生后，《钱江晚报》发表社评，题目为"向西安地铁问题电缆举报人致敬　救了 34 万地铁乘客"，文章中指出："这位员工的举报，不仅揭开了一家黑心企业的盖子，曝光了其背后可能存在的权钱勾结问题，而且消除了一个非常严重的安全隐患，避免了可能发生的涉及乘客生命安全的地铁事故。从检测结果看，地铁三号线低压电缆 5 个抽检样品全部不合格，可见性质之恶劣以及问题之严重。而在该公司、地铁方面等利益勾结者的合谋下，这一黑幕还不知要被捂多久。可以想象，举报人在决定挺身而出之前，一定承受了精神上的煎熬与各种无形压力。从网络举报信可以看出，这位员工对内幕应该十分清楚，但直至地铁运行后他才决定站出来，这中间想必有过一段时间的反复思考。在个人利益和公众利益二者之间，他终于听从良心的召唤，选择站在了公众利益这边。为此，他可能也已经决定了面对可能遭受的打压。"

　　美国前国务卿基辛格曾说，中国人总是被他们当中最勇敢的人保护得很好。在灾难或黑暗面前，总有勇敢的人挺身而出。我们要鼓励、保护这些勇于发现问题的吹哨者，他们的哨声带来压力，更带来阻挡更大危机到来的提醒。

　　每一个重大事故都不会是无端忽然地降临，"冰冻三尺，非一日之寒"。要对异常现象、小的征兆足够重视，因为小的裂缝在一定的外力叠加之下，可能从量变变成质变。这是我们对于危机防范的重要心理。

　　组织的文化会影响人的行为，而人的行为最终会决定结果。

　　危机管理的核心不是消除危机，而是防范危机。危机管理的核心就是预见一切危险的因素，从而把所有的危险都消灭在萌芽的状态。这是危机管理的指向——防患于未然。

第 5 讲

危机决策：大怒时不作决定

．
．
．
．
．
．
．
．
．

冲动是危机决策的毒药。不要用一秒作决定，用一生作代价。

2020 年 6 月 30 日，腾讯向深圳市南山区法院提起诉讼，状告"老干妈"拖欠合同款项。腾讯指控"老干妈"在腾讯的网络上投放了在线广告，广告款有两千多万元，网络推广完结，"老干妈"却一直拖欠款项。深圳市南山区法院进行财产保全执法，"老干妈"一千六百万元的产品被封存，事件轰动了网络。

腾讯起诉"老干妈"几天后，"老干妈"发表严正的声明，称公司并没有在腾讯上进行任何推广。很快腾讯发现此乌龙事件是内部员工做了手脚，公司被自己人骗了。于是，腾讯不得不向"老干妈"道歉。

此事成为 2020 年互联网上最引人注目的舆情危机事件之一，也是腾讯最丢脸的事件之一。从舆论影响的角度来看，衡量一个危机事件的影响大小有三个指标：一是网友的关注强烈程度；二是媒体报道的持续时间长短；三是事件本身性质的严重程度。

本事件只是合同的纠纷事件，并不是属于特别严重的事情，但有两个地方符合重大危机的标准：一是媒体的报道长达十天；二是网友的围观热忱一波过一波。

当企业的纠纷成为媒体报道的热点或头条时，通常会造成企业声誉的影响、品牌形象的折损，甚至波及股价的表现。

真正伤害我们的往往不是危机本身，而是面对一个危机事件时，当事人采取的反应、态度与决策。腾讯在对情况没有完全了解的情况下，就作出武断的决定，起诉了"老干妈"，最后是赔了夫人又折兵。

危机的决策首先是指一种决策情景的构建，即管理者面对一个逼近的危机事件，采取行动不是第一位的，而是首先知道用什么标准来衡量要采取什么行动。

危机管理的核心就体现在决断之时。当我们面对决断时，其中就包含了危险的成分，因为任何选择都存在风险。

在危机决策里有五个方面的误区：武断、冲动、欺骗、乱说、拖延。

正确的危机决策支撑如下：

不武断：作出任何决策之前，必须详细了解情况，不教条主义，不单向思维，更不在对情况了解不充分的基础上乱作决定。

不冲动：决策必须理性，大怒时不作决定，大喜时不作承诺。

不欺骗：世界上最可笑的事情就是，人们已经知道了真相，而你还在说谎，而且说得那么真切，说得那么深情。

不乱说：信息发布要透明，但点到即止。

不拖延：面对危机逼近，把握好 24 小时原则，快速反应，快速处理。

武断、冲动、欺骗、乱说、拖延，就是组织面对危机时五种常见的错误决断。只有避开这些错误的决断，才能在处理危机时，不节外生枝，不产生次生危机。

如果把腾讯起诉"老干妈"事件视为一场声誉危机的话，腾讯犯下了的错误就是武断决策。

面对危机的决策，最重要的不是处理的技巧，而是实事求是的精神——最好的危机决策是永远不用恶意揣测他人，永远用善念指引自我。

新闻链接：

2020 年国庆假期期间，重庆沙坪坝的一位车主发现自己停在自家小区内的车被划伤了。于是车主报警，民警调出视频监控发现，同在小区的 10 岁男孩小军有着重大的作案嫌疑，因为在整个监控中发现，只有小军在 13：06 左右在这辆车周围转悠，在此之后再也没有旁人在这里出现。但民警找到 10 岁男孩小军之后，他却一直否认自己划伤别人的车。

小军的父亲看了监控，跟民警一样认为是小军划伤了别人的车，于是小军父亲赔偿车主 3 500 元，并责骂了小军。面对父亲的责骂，小军委屈得流泪。

邹警官询问小军："你划车没有？"小军很大声地回答："没有划车。"邹警官再次查看车辆，令他产生疑惑的是，车上划痕很深，这是需要极大的力气才能留下的，似乎并不是一名 10 岁男孩所能做到的。

为了了解事情真相，邹警官接下来三天翻看了数百段监控录像，终于回看到 10 月 5 日的一段监控，这段监控清晰地拍到这辆车在开进小区之前，车的侧门处已经有被划的痕迹，小军是被冤枉的。

邹警官这种不以恶意揣测他人的实证精神感动了很多人，也给小军的成长留下了深刻的烙印，让小军对这个社会有更多美好的相信。

（央视新闻）

危机管理的决策需要精细化的精神、负责的精神、了解细节的精神。当危机发生时，在没有完全了解情况之前，不能下武断的决定，因为黑天鹅这种小概率事件始终存在。

黑天鹅指的就是极小概率的事情。在我们的观念中，天鹅是白色的。但是，直到某年某月的某一天，有人在澳大利亚发现了一只全身黑色的天鹅，这只天鹅可能是地球上存活的数以千万计的天鹅中极为少数甚至是唯一的黑色天鹅。但是，它的出现就代表了再小的概率都可能出现。

进行危机决策，首先的基本点就是"反求诸己"，即从自身追寻问题。一些企业管理者对自己所在领域非常有经验，所以对任何持不同意见者的观点都难以接受，过度的自信往往会成为其蒙蔽自我的工具。

一个人越擅长之处，往往越是危险隐藏之处。善泳者溺于水，最擅长游泳的人对水失去了畏惧之心，他永远不知道总有一条河是凭自己的能力游不过去的。

危机决策决断的基点就是不主观、不过度自信，更不情绪化决策。作为企业的管理者或者行政管理的官员，面对危机时，正确的心态就是实事求是，以事实为依据，以法律为准绳，从而作出决断。这样的决断就符合危机管理正确的方向。

但是，我们很遗憾地看到，人们普遍存在着侥幸心理。正是这种心理的存在，让我们在同样的事情处理上，总是一错再错。

面对谭医生的批评，某著名药酒是否知道对当事人打击报复的后果？

狗不理餐厅面对美食博主谷某的调侃，是否知道威胁、打击当事人的后果？

他们都是知道的。因为在过往无数案例中，每个人都看到了前车之鉴。那为何知道这种对抗型的危机处理并不是最佳，甚至会引发严重的后果，许多管理决策者依然要前赴后继呢？

20 世纪 90 年代，中国有一家很成功的保健品企业——三株。这家企业在最辉煌的时候，年销售额达 60 亿。

1996 年秋天，湖南一位姓陈的 74 岁癌症晚期患者，在住院期间服用三株作为身体滋补品。这位老人当时已经处于生命的垂危期，一系列的巧合下，他在服用三株的过程中意外去世，家属借此事向三株提起索赔请求。

面对这个意外，三株坚称自己的产品无毒，绝不会致死，所以对待消费者的投诉，态度非常强硬，最终双方对簿公堂。

在 20 世纪 90 年代的中国社会，危机管理对大部分企业来说是陌生的概念。对于三株这样一家成长型的公司来讲，只要有销售，其他一切都不成问题。管理者甚至会认为任何批评或投诉都是阻碍走向成功的敌人。

一个月后，消费者起诉三株官司正式开庭。此事引来了广大媒体的关注，这是当年中国第一宗保健品致人于死的官司。

当天法庭并没有宣判三株产品是否存在问题，但参加庭审的一些媒体记者却根据自己的主观判断写下耸人听闻的文章，如《八瓶三株口服液 喝死一老汉》。此文一出，马上被诸多媒体转载，迅速给三株带来了巨大的冲击。作为一名性格强硬的管理者，董事长吴炳新面对媒体的负面报道，采取的方式是针锋相对，他指示公司律师不断向报道此事的媒体发出律师函，高峰时三株同时起诉将近三十家媒体。

在中国这样一个媒体为王的社会，企业与媒体强硬对立，通常都是凶多吉少。被起诉的媒体不仅没有退缩，反而更加深入报道三株的各种负面事件。三株迎来了创立之后最大的危机，市场退货、经销商反目、投诉等事件开始层出不穷。

一年后，三株宣告破产。

一个如朝阳般迅速向上的企业，管理者面对危机却作出冲动决策，用无谓的强硬跟傲慢，最终葬送了企业。

更有讽刺意义的是，在三株宣告破产后，三株选择上诉，官司来来回回折腾了两年多，湖南法院终审裁判三株无毒、三株胜诉。只是这个宣判来得太迟了，已经毫无意义。

伤害我们的往往不只是事件本身，比起事件本身更大的伤害，可能是来自我们的态度、决策和措施。选择意味着成本，决定蕴含着风险。任何危机决策都必须谨慎，左右权衡。

危机决策的第三个原则是"不欺骗"。

当危机发生时，真相总是模糊不清。无论是当事人、责任主体，还是围观的群众，都想知道真相究竟是什么。出于人的本能，许多责任主体会掩盖自己的过失。但这种欺骗公众的做法是非常危险的，一旦假象被戳破，愤怒的舆论就会铺天盖地而来。

审计署 2015 年 9 月发布的审计报告显示，在全国保障房建设审计的过程中，发现有的省份存在大量保障房闲置问题，其中贵阳市有 30 855 套已建成的保障房由于供电、排污、市政道路配套建设滞后等原因，未及时投入使用，央视新闻频道在《朝闻天下》中对此进行了报道。

2015 年 11 月 20 日，央视记者就此问题前往贵阳市住建局采访。到达局长办公室后，一位白衬衣黑裤子的男子正在办公室内。当记者表达来意后，这位男子却称"你们搞错了"，声称自己并非局长，"只是在这看（规划）图的"。然而，央视记者在住建局官网上发现，这位自称不是局长的男子，正是局长刘某本人。

2015 年 11 月 22 日，贵阳官方通报称：市委决定，免去刘某贵阳市住房和城乡建设局局长职务。

在危机管理决策中，考验危机决策者的不仅是经验与技巧，更是心胸与素养。一个真诚的人始终会以真相为决策依据，以追求事实作为决策的一个参考。虽然讲真话会带来损失，但是欺骗会带来更严重的后果。

或许我们都应该记住老舍先生的名言："人间的真话本来不多，一个女子的脸红胜过一大片话。"

危机决策第四个原则是"不乱说"。

一旦重大危机发生，很多记者会前来采访，这是任何危机发生的必然规律。危机发生时刻的新闻沟通原则就是：对内统一口径，对外统一说法。整个组织只能有一个指定的受过训练的人作为信息发布的出口，其他人不允许接受采访或者进行事件的传播。

接受采访时，每一句话的回答都须谨慎，既要符合客观事实，也须满足公众对发言者身份的期望认定；否则，只满足前者，就会很容易发生事故。广东某副市长就曾经闹出类似的尴尬事件。

新闻链接：

1998 年，广东雷州市民莫某从雷州市水务局承包了一项水利工程，在垫资完成施工后，却被拖欠 300 多万元工程款数年。莫某将雷州市政府、雷州市水务局告上法庭，湛江市中院、省高院先后一审、终审并作出判决，要求雷州市政府、雷州市水务局偿还欠款，但雷州市水务局一直没有执行判决。在 2013 年 12 月 28 日接受央视记者采访时，雷州市政府一陈姓副市长称："我们不能盲目相信法院。"此话轰动网络，引发巨大的争议。

雷州市委宣传部主要负责人说，陈副市长的表达有欠妥当，这是他在接受中央电视台采访时，过于紧张导致表达有些误会。

（《南方都市报》）

不乱说既包括接受采访时谨慎发言，也包括组织对外的声明必须措辞严谨。

危机决策的第五个原则是"不拖延"。

危机的反应就如灭火的处理，速度至上，速度是危机处理的关键变量。在危机管理中，不拖延通常指的是危机爆发后，组织必然在最迟二十四小时内作出系列的决策与反应。要完成这一系列的工作，组织必须有危机的制度建立、有训练有素的危机团队，才能在面对重大危机时，快速作出一系列的反应。

发生事故后，如果责任主体采取迟报、迟处理甚至隐瞒信息等做法，就会受到严肃追责。

2019 年 12 月 4 日上午，浏阳市某烟花制造有限公司一车间发生爆炸事故。当时浏阳市对外声称，事故造成 7 人死亡、13 人受伤。

湖南省政府在对浏阳市"12·4"烟花厂爆炸事故提级调查过程中发现，事故伤亡人数除此前已公布的 7 人死亡、13 人受伤外，另有 6 人失踪。了解到这一情况后，湖南省委省政府高度重视，要求在全面开展事故调查的同时，由湖南省纪委监委、湖南省公安厅分别成立专案组，彻查事故死伤人数、事故原因及瞒报、谎报行为，严肃追责问责，对相关责任人一查到底、坚决处理、绝不姑息。

湖南省相关部门最后调查认定，这是一起违法违规生产，且存在谎报、瞒报和失职渎职行为的重大生产安全责任和违纪违法行为的事故。湖南公安机关对事发企业股东和法人代表、安全管理员等进行刑事调查，以涉嫌重大责任事故罪或不报、谎报安全事故罪对陈某、杨某等 10 名涉案嫌疑人采取刑事强制措施。长沙市委对浏阳市委常委、副市长吴某，浏阳市副市长沈某，浏阳市副市长屈某 3 人作出先期免职处理。

湖南省纪委监委会同公安机关对涉嫌失职渎职和谎报瞒报安全事故的浏阳市澄潭江镇党委书记刘某，浏阳市应急管理局副局长王某，浏阳市澄潭江镇党委委员、副镇长王某，澄潭江镇联厂干部袁某 4 人立案调查并采取留置措施。

相关法规：

《生产安全事故报告和调查处理条例》（国务院令第 493 号）第三十五条规定：事故发生单位主要负责人有迟报或者漏报事故等行为的，处上一年年收入 40% 至 80% 的罚款；属于国家工作人员的，并依法给予处分；构成犯罪的，依法追究刑事责任。

第三十六条规定：事故发生单位及其有关人员有谎报或者瞒报事故等行为的，对事故发生单位处 100 万元以上 500 万元以下的罚款；对主要负责人、直接负责的主管人员和其他直接责任人员处上一年年收入 60% 至 100% 的罚款；属于国家工作人员的，并依法给予处分；构成违反治安管理行为的，由公安机关依法给予治安管理处罚；构成犯罪的，依法追究刑事责任。

第三十九条规定：有关地方人民政府、安全生产监督管理部门和负有安全生产监督管理职责的有关部门有迟报、漏报、谎报或者瞒报事故等行为的，对直接负责的主管人员和其他直接责任人员依法给予处分；构成犯罪的，依法追究刑事责任。

（中国政府网）

在危机管理中，决策者的心态决定决策的结果。在过去的三十年中，很多闹得沸沸扬扬的危机，究其根源是当事的责任主体面对批评或意外危机时，控制不住情绪，作出了引发众怒的反应或者决定。

冲动是危机决策的毒药，人生最大的悲剧就是用一秒作决定，用一生作代价。

真正伤害我们的往往不是事情本身，而是我们对事情的态度、反应与决断。

大怒时不作决定。

第6讲

危机伦理：因为懂得，所以慈悲

················

没有尊重，事实就失去信任。没有关怀，法律就失去民心。没有利他，危机处理就不可能取得最优解。

2020 年 8 月，一名 17 岁的中学生在学校就读期间突然跳楼。警方综合多方情况，最后勘查认定，该学生一直有抑郁倾向，事件属于自杀。

此事发生后，家属大闹学校，认为学校给学生的考试压力太大，没有及时进行心理疏导。有网友在网络发帖，称该学生在学校受到霸凌，导致情绪出现问题。在家长群中，众人对此事也是猜测纷纷，被老师打骂等各种阴谋论甚嚣尘上。学校一时成为众矢之的，巨大的舆论压力铺天盖地而来。

学校通过内部调查此事，得知班上多名同学反映该名自杀的学生是因为感情出了问题才导致心理崩溃。

正受到千夫所指的校方，是否要在社交媒体上公布这个可以迅速切割责任的惊人发现？

在危机博弈中，你与当事人处于针锋相对的矛盾相持状态，忽然获得对对方不利的内幕，你是否会第一时间兴奋地公之于众，企图获得公众支持并置敌于死地呢？

在人的本能选择中，避责是天然的反应，大多数人的决策就是选择公布。

在危机伦理中，尊重与利他是两大基本点。违背这两大基本点的处理，最终导致的后果通常就是消除了旧的危机，却出现了新的危机。消灭旧敌，出现新敌。

危机处理并不是战争，更不是你死我活的零和博弈，而是在追求共识的基础上找到问题化解的可能——尊重与利他是两大重要的决策基本点。

衡量危机处理是否成功，并不能只看是否平息舆论的怒火，而是要看舆论怒火熄灭的灰烬处，信任的种子是否开始萌芽——特别是在涉及金钱索赔的维权事件中，利益最大化并不是追求的目标，效益最大化才是。

效益最大化 = 信任 + 形象 + 利益。

基于"尊重与利他"的危机伦理法则，校方掌握了自杀学生的隐私，即使公布此真相在一定程度上可以化解"老师打骂学生"谣言的压力，也不适合公布，否则必然引发新的次生舆情事件。

哲学上对"真相"的定义是，别人相信的事实才叫真相。从这个定义我们可以看出，真相并不完全等同于事实，而是"事实＋信任"。责任方为了脱离危机的深渊，公布了涉及底线的隐私细节，最终会导致新的舆论危机——各种道德拷问的尖锐之箭会纷至沓来。

按照逻辑，校方如果公布该学生自杀是因为情感纠纷，将会迅速引发家长的强烈愤怒，多数网友也会认为虽然这是事实但属于隐私，校方应该把尊重放在切割自我责任之前，更不能因为一己之利而给当事人父母造成新的心理伤害。

情商高的人看破不说破，心直不口快，知道何时点到即止。

有些人从不下厨，他们离厨房最近的一次就是在别人伤口上撒盐。

在中国根深蒂固的价值观中，事实的对错往往是相对的，而符合伦常的行为会更受赞赏，即使这种行为可能跟规则甚至法律相冲突。我们时常看到的新闻就是某逆子祸害乡村，父母大义灭亲。如果舆论对父母的行为一边倒持支持态度，那么法院判决时必然会酌情考虑民意。

可以肯定，在中国处理任何一种危机，以事实为准绳、以法律为依据是不够的，还必须以伦常为参考。公众价值观一致认为正确之事，危机决策时必须进行考量。尊重舆论就是尊重民意，尊重民意就是尊重大众，尊重大众者最终能获得最大限度的胜数。

2006 年 4 月 21 日，广州某企业保安许某在银行 ATM 机取款时，发现当晚银行 ATM 机取款系统出错，每取一千元 ATM 机却只显示扣减一元。当晚许某违法取款 17.5 万元，然后潜逃。潜逃一年后，许某被警方抓获，广州法院以"非法手段侵占巨额公共财产罪"判决其无期徒刑。

一审判决后，许某父亲南下为子喊冤，他多次至广州几家媒体门口静坐诉说事件，希望媒体介入报道。《南方周末》报道此事之后，迅速引发全国媒体关注，网友纷纷关注此事，网站也曾发起调查："如果你是许某，是否能抵御 ATM 机出错的取款诱惑？"超过 9 成的网友都认为自己无法抵抗诱惑，可能会犯下与许某一样的错误，并认为广州法院判决过重，没有考量到此事的引发肇因是 ATM 机系统漏洞。

许某案是国内第一宗银行 ATM 系统出错的案件，引发了巨大的舆论关注，几乎所有主流媒体都进行了报道，中国多位顶级法律专家都就此事展开激辩。最高法专程派人至广州，听取法院对此案件的审理。

2008 年 3 月 31 日，广州中院重审此案，认定被告人许某犯盗窃罪，判决有期徒刑五年。

司法的判决是严肃且严谨的，而且必须是独立的，不能受任何因素的干扰。舆论不能左右司法，但舆论往往会影响司法。但在许多重大的案件判决中，如果舆论有明显的倾向性，那么法院裁决时通常也会将听取民意视为判决的考量因素之一。

尊重民意，不仅是危机处理的度量衡，也是社会达成共识、走向和谐的基本。法律中有一个名词叫"谦抑性原则"，意指用最少量的刑罚取得最大的刑罚结果。

事实的对错是相对的，甚至随时可以逆转，但基于尊重伦常与利他的决策，却能获得最终效益最大化的结果。

2020 年 7 月，广州一名高三学生小余高考结束，与朋友们在离家不远的烧烤档吃夜宵、喝啤酒，之后驾驶一辆没有牌照的二轮摩托车回家，被交警查出酒驾。小余除了醉驾之外，还涉嫌无证驾驶。

事发时，小余刚年满 18 周岁，2020 年应届高中毕业生，在学校品学兼优，先后被加拿大两所名校录取，没有违反过校规校纪。

按照法律规定，醉驾属于刑事犯罪，不仅会罚款并且会判刑。如果小余被处以刑罚，他不仅不可能出国，对他以后的人生也会带来很大影响。

负责审理本案的广州番禺法院一审判决被告人小余犯危险驾驶罪，但基于犯罪情节轻微，案发时刚满 18 周岁，心智并不成熟。犯罪后也有深刻的悔罪表现，并被世界名校录取，法院决定网开一面，判决其免予刑事处罚。

新闻链接：

番禺法院刑庭四级高级法官章莹表示，被告人小余无视国家法律，在道路上醉酒、无证驾驶机动车，其行为已构成危险驾驶罪，依法可对其适用"拘役，并处罚金"的量刑幅度予以处罚。但是，被告人小余犯罪情节轻微，且案发时刚刚年满 18 周岁，心智尚不成熟，对自身行为控制能力不足，此次犯罪出于一念之差、侥幸心理，犯罪后有深刻的悔罪表现。其刚刚高中毕业并先后被加拿大两所名校录取，若被判处刑罚，基于出入境及学校管理要求，可能失去求学机会。

章莹称，根据宽严相济的刑事司法政策，参照对未成年人"教育为主、惩罚为辅"的审判原则，对被告人小余定罪免刑，可以促使其改过自新，继续完成学业。

（光明网）

2011 年 8 月 19 日，市民陈刚的儿子在深圳市人民医院出生，因严重腹胀于 8 月 21 日转入深圳市儿童医院治疗。8 月 23 日，由于婴儿肠梗阻表现较明显，且钡灌肠提示为长段型先天性巨结肠，深圳市儿童医院初步诊断为"先天性巨结肠症"，建议手术治疗。陈刚认为深圳市儿童医院预估的手术费用巨大，在经洗肠等保守治疗患儿腹胀减轻后，将患儿自行带离医院。

离开医院后，家人带着孩子到广州某医院就诊。医生未作明确诊断，建议孩子洗肠、外用液状石蜡，2 个月后复诊。孩子就诊一共只花了 7.8 元，其中 7 元挂号费，0.8 元液状石蜡。治疗后，患儿症状缓解了。

陈刚将此事"公开"，认为深圳市儿童医院要 10 万元治疗的病，别的医院 8 毛钱就治好了，质疑医院过度治疗，并向医院提出了 10 万元的赔偿要求。

媒体报道此事后，"8 毛钱门"将深圳市儿童医院推向舆论的风口浪尖。

深圳市儿童医院回应称，经组织医学专家小组讨论，认为医院对患者进行的检查合理，诊断正确，治疗措施符合诊疗常规，不同意患方的赔偿要求。

对于 10 万元的手术费用说法，医院回应称，以前也有这样年龄小的婴儿进行过手术，费用在 2 万元左右，医院从来没说过要用 10 万元。陈刚说，10 万元这一数字是他预估的。

深圳市儿童医院专家认为，孩子在广州治疗后，腹胀仍然严重，情况不容乐观，绝对不能称为"已经好了"，所谓"8 毛钱治好了这个孩子的病"是夸张的说法。

就在"8 毛钱治好 10 万元的病"风波愈演愈烈时，孩子的病情突然恶化。10 月 11 日，陈刚带孩子到武汉同济医院就诊。

据主刀医生孙晓毅介绍，患儿被确诊为"先天性巨结肠症"，10 月 19 日进行了巨结肠根治术，孩子的这次住院手术治疗总费用为 23 886.43 元。

孙晓毅说，孩子的病情已被拖延，来医院时，孩子已失去了腹腔镜治疗的机会。如果采用腹腔镜治疗，则创伤要小一些，恢复会更快些。

武汉同济医院小儿外科主任冯杰雄教授说，孩子年龄很小，由于未能及时治疗，备受疾病折磨，营养不良，再拖下去，非常危险。所幸经过手术，小孩康复状况良好。

针对"8 毛钱治好了病"的说法，医生向陈刚解释，8 毛钱的药只是暂时控制了症状，还不能说病已治愈。"巨结肠有间歇期，当下用药缓解了症状，但可能几天之后或者几周甚至几个月之后又会出现症状。"

武汉同济医院一位专家也表示，深圳市儿童医院"钡灌肠诊断、直肠肛管测压检查"的准确率高，但患儿家长不相信，一定程度上拖延了治疗。

在媒体再次报道此事之后，陈刚用手写道歉信的方式向深圳市儿童医院道歉。

陈刚或许不知道，他所引发的"8 毛钱"风波给深圳市儿童医院、主诊医生甚至是深圳医疗系统的形象造成了多大的负面影响。在此事件中，主诊医生被误解此事的网友人肉暴力，深圳市儿童医院的管理层多次受到网友谩骂，广东省卫生厅、深圳市卫生局就此事多次进行核查，深圳市儿童医院全院上下都蒙受着巨大的舆论压力。

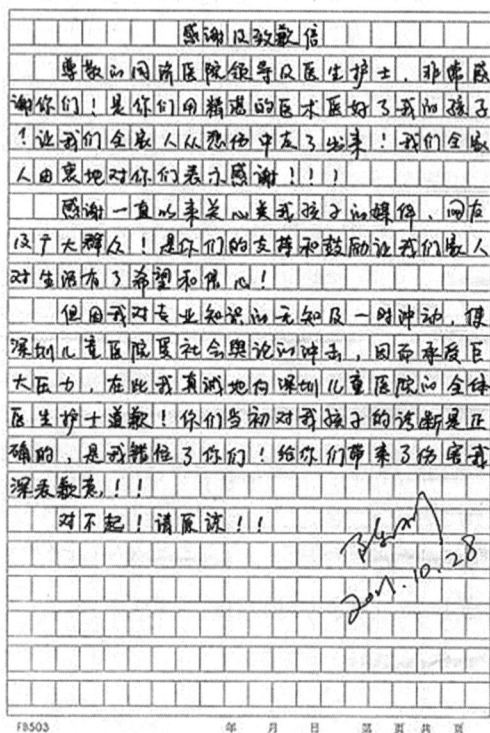

陈刚的手写道歉信（图源：央视网）

但是，在听闻陈氏宝宝健康出院的消息后，深圳市儿童医院对曾经受过的伤害只字不提，依然从尊重与关怀的角度回复了一封感人的祝福信：

深圳市儿童医院回复

一、我们听到陈氏宝宝成功地实施了手术的消息，感到非常欣慰。希望孩子早日康复，健康快乐成长。

二、我院呼吁大家给予家长充分的理解和宽容，让孩子在安静的环境下安心养病，早日康复。

三、如果陈氏宝宝回到深圳，有医疗保健需求或需要后续治疗，我们医院将一如既往地为宝宝提供良好的医疗服务。

四、感谢所有媒体和社会各界人士对深圳市儿童医院发展的关注，也感谢大家对我院工作的鞭策。我们在今后的工作中，将会进一步加强医患沟通，不断提高我院的医疗技术和服务水平，为广大少年儿童提供良好的服务。

（深圳市儿童医院）

在中国，处置任何一个事件都是情、理、法三条线缺一不可。

没有尊重，事实就失去信任。没有关怀，法律就失去民心。没有利他，危机处理就不可能取得最优解。

因为懂得，所以慈悲。

第 7 讲

意识的铭印：不要有二元分别心

使你的意识清净，危机处理的方式就会自然呈现。

印度有这样一个古老的故事。

A 房间里有 10 个人，6 个你喜欢，4 个你不喜欢。B 房间同样有 10 个人，6 个你喜欢，4 个你不喜欢。你有选择性地把 A、B 房间里喜欢的人调在一起，凑成一个新的 10 个人的房间，你再走进这个房间，依然会发现：房间里又有 4 个人你不喜欢。

一个有二元分别心的人，他的头脑中充满对与错、喜欢与不喜欢、好与坏等非此即彼的对立观念。当你认为 A 很让人喜欢时，那必然会假设 A 的对立面 B 是不讨人喜欢的——如果一个人执这种固化的标准来衡量一切，在处理问题时就会落入刻板的窠臼。

一个人的意识就像油灰，任何东西与其接触都会留下铭刻，铭刻之深有时会固化你的思维，让你形成对人、对事、对观点的偏执性。如果一个人有了强烈的分别心，那么任何不符合其价值观框架的人与事都是不被接受的，冲突由此产生。

2018 年 4 月 12 日，美国一家星巴克连锁店店员报警称，两名非洲裔男子闯入店铺并拒绝离开。警方随后带走了这两名非洲裔男子并于 8 小时后释放了他们。顾客梅莉萨·德皮诺拍摄了事件发生时的部分视频并上传到了社交媒体上，写道："店员打电话叫警察，只因为这两个人没有点东西。"

据警方透露，这两名非洲裔男子在店内等候朋友，他们想借用洗手间，但店员声称只有在店里消费的顾客才能使用。这两名男子随后在店里继续等待朋友，但是店员却把警察喊来了。警察用手铐将两人带走调查。

视频在网络上的点击量很快突破了 950 万，引发轩然大波。许多网友在留言中表示，"民权法案"已经通过 50 多年，美国的许多地方仍然不间断地发生类似的种族歧视事件，实在难以想象。人们纷纷指责警察和店员的种族歧视心理，推特（Twitter）上还出现了"联合抵制星巴克（#BoycottStarbucks）"的热门话题。后来的一个周日，开始有抗议者来到费城这家星巴克咖啡馆内，拿着扩音喇叭直接对着柜台后面的店员高喊抗议口号。

第二天一早，几十名抗议者再次冒雨聚集在店门口举行抗议活动，而店内照常营业。据美联社称，当时坐在店里喝咖啡的多数人都是星巴克公司在该地区的高管。

后来抗议者还进入店里，直接站在柜台前面，高举写着"停止盘查"等口号的标语牌，高喊"一堆种族主义、一堆废物，星巴克咖啡反黑人"。

一位抗议者对媒体表示，如果你连进星巴克等朋友都不可以，那么在哪儿都没有安全可言了。另一位抗议者说，我们要让星巴克今天挣不到钱，这是我们的目标。

迫于舆论压力，星巴克放弃了对这两名非洲裔男子的指控，警方随后将两人释放。15 日，美国星巴克公司首席执行官凯文·约翰逊发表道歉信说，星巴克员工报警的做法是错误的，这一行为绝不代表星巴克的理念和价值观。致歉信还称，星巴克会认真对待此事、反思不足，以便面对突发状况时能更妥善地处理。但约翰逊的道歉没能打消外界的质疑，不少人仍聚集在涉事连锁店门外继续抗议。

星巴克 CEO 亲自到事发地费城向两名非洲裔男子道歉，应承为两人提供免费大学教育，他们可以在亚利桑那州立大学取得学位。星巴克与该大学有合作关系，允许其员工通过网上学习拿到学位。政府方面，两人每人获得 1 美元的象征性赔偿，同时政府承诺成立 20 万美元的"青年企业家项目"。

随后，星巴克还作出一个让人意外不已的决定：即日关闭全美 2.8 万家门店一天，对 17.5 万名员工开展"反种族歧视培训"，造成直接损失超出 1 亿元人民币。

在同一时间关闭全国门店，这在星巴克创建成立 40 多年的历史上是绝无仅有的。但正是这种真诚的反思方式，得到了客户的认同，很多忠诚顾客站出来为此次星巴克负责而真诚的解决方式表示支持。

当我们深入研究危机的形成时会发现，意识的偏差才是根源，事件的发生只是结果。带着固化的眼光看待变化的人与事，危机就会发生。

任何人或事都不具备固有的特性。所有显现与感知只取决于我们如何看待，这就是意识的铭印。

你觉得某个投诉的客户令人讨厌，其实"令人讨厌"并不是这个客户固定的属性，否则所有人都会以一致的观点看待他。实际上，生活中偏偏就有人很喜欢他。

使你的意识清净，危机处理的方式就会自然呈现。

2012 年 7 月 10 日晚上，不少网友发现，中国国际航空公司（以下简称"国航"）订票网站上显示，部分国际航班的票价均为 0 元，甚至出现了 –10 元这样的价格。听闻这一消息，许多人当即以超低的价格买下了国际机票。

第二天一早，国航的系统维护人员发现系统出错，立即报告公司高层。正当公司开始开会讨论此事如何处理时，媒体已经开始报道事件，围观群众也不断在社交媒体上讨论此事，一场考验国航决策能力、舆论引导与形象的信任之战掀起了。

舆论的巨大关注，将国航推到了危机的风口浪尖之上。按照法律的规定，利用系统获利属于非正当获利，国航可以向法院请求判决订单无效，从而避免数百万元的额外损失。当然，国航也可以按照承诺，凡是下单都认可，但这样就会无端端损失几百万。

如果你是国航的总经理，你会如何决策？

早在一百年前，美国公共关系学的创始人之一——巴纳姆，这位靠吹嘘式传播而获得商业成功的商人，曾经用极端的言论嘲弄公众为"愚蠢的公众""公众天生是盲目的""公众从来被愚弄"。

如果把意识视为一块油灰，那么"别人都是愚蠢的"这种铭刻就深深印在巴纳姆的脑海中。处理任何事件，巴纳姆都只会以同样的认识去处理——一个人如果视消费者为愚蠢的、无知的、天生该被愚弄的，那么他最终就会发现最大的愚者其实是自己。

巴纳姆所运作的公司，最后以破产收场。

曾经辉煌的商业成功与最后落魄可怜的命运结局，就是巴纳姆留给世人最深的认识。

如果公司决策者潜意识中认为公众天生该被愚弄，那么当发生维权或者投诉等危机时，公司的决策就会指向如何以欺骗的方式去化解对抗，最终的结果一定是得不偿失——你可以在所有时间内愚弄一个人，也可以在一段时间内愚弄所有人，但绝对无法在所有时间愚弄所有人。

反过来，如果你一向真诚对待投诉或维权的客户，从不带着先入为主的偏见，甚至被人不公正对待也能一直按照自我的行为准则行事，把投诉当成善意的提醒，把意外当成最好的反思机会，那么你的意识就会明净如镜，没有任何人与事可以轻易激怒你，没有任何危机不能被从容化解。

国航是一家国有大航空公司，危机决策最佳的衡量不是利益最大化，而是效益最大化——减少公司损失是危机决策的要素，但不是唯一，甚至不是主要考量的要素。在许多危机事件处理中，当管理者把决策的唯一目标指向减少损失时，就会忽视其中许多必须关注的要素，比如是否会因此失去客户信任、是否会造成新的舆情或者带来新的法律诉讼。这些现象的出现都会是成本的一部分，管理者必须将其视为实际的损耗，而不是视而不见。

综上所述，国航最终作出的危机决策就是，不仅大方承认所有订单有效，客服部还向所有"非正当得利"的下单客户发一封恭喜他们获得机票的祝贺信。

国航的大度让所有下单的客户都喜出望外，纷纷在朋友圈晒出国航祝贺其获得机票的信息，媒体对此也一致给予正面的报道，国航的知名度与形象瞬间大幅提升。更让公司想不到的是，一周后网站的访问量与机票购买量大增。这是因为许多网友听说此事后，出于"薅羊毛"的心理纷纷登录国航订票网站寻找机会。

危机决策的最佳衡量就是"利他"——站在他者角度思考问题，迎合公众。永远不要用恶意揣测他人，永远用善念指引自我。爱出者爱返，福往者福来。

这种"利他"的决策符合危机管理"三有三通"原则中的"情感通"，一个人如果善于站在别人的角度思考并感受，"我执"就不会出现。这种"我执"的自我性，就是思想冲突、行为偏激与决策误区的本源。

"三有"指的是有指挥、有准备、有速度。

"三通"指的是情感通、口径通、信息通。

危机都会跟人的情感、尊严等受到伤害有关，因为从危机管理的角度来说，纯粹的自然灾害并不属于我们所讲的危机，比如地震，如果没有人的因素在其中，地震只是地球的自然地壳的变化，不能归为危机。危机都会涉及对人的伤害，所以需要对人进行情感安抚。

当决策者在意识铭印中把"人"字放大，把"人的情感"照顾作为工作核心时，危机决策就会把迎合公众的情绪放在重心——公众希望听到道歉，你便道歉；公众希望得到补偿，你便在一定程度上满足；公众希望你惩治责任人，你便对责任人进行问责。迎合民意，就是迎合大众，迎合的目的是让社会怒火在一定程度上不要继续高涨。

摆正心态，尊重公众的情感，是危机处理的基本原则。

新闻链接：

2013年11月，一组接访人员与访民的合影照片在网上被披露后，引发关注。照片显示，湖南省常德市临澧县派往长沙接访的两名工作人员，在与患有癌症的访民段某合影时，面带笑容，并分别摆出"胜利"手势，其手势被网友怀疑为庆祝"接访顺利"。

据此前媒体报道和段某的说法，2010年7月，因工程承包项目纠纷，段某被临澧县自来水公司负责人打伤，后因对方拒绝付医疗费用，行凶者未被追究等原因，他和妻子开始上访，均被接访人员接回。

段某称，11月18日在湖南省委门前，接访人员拉扯他，是要消耗他的体力好带他回去。在这个过程中，他的妻子一边哭，一边告诉对方丈夫患有癌症，再拉扯就要拍照，结果对方回答"你拍吧"，还摆出了各种手势。

（搜狐网）

信访局干部在工作推进中，应该将尊重人格与执行公务区分开。如果上访者有违法行为，干部可以进行纠正与制止，但在此过程中不应有藐视、强迫、辱骂等不恰当的行为。这其实考验着一名干部在意识的铭印中如何看待上访者。上访者并非敌人，也非犯罪分子，他们只是申诉人，申诉行为本身并不违法——一旦事情解决，事件就结束。

"三有三通"原则中，"情感通"是最重要的基本支撑点，这是一种"共情能力"，也是一种把他人感受放入自我意识的铭印。有了这种铭印，面对工作或者生活中许多非此即彼的危机选择时，决策者就会最终作出符合效益最优化的决策。

安徽某地派出所所长接报，一名潜逃多年的盗窃犯罪嫌疑人出现了，派出所所长立即带来警员跟踪。该名犯罪嫌疑人进入了一家餐馆用餐，并不知晓自己已被跟踪包围。该餐馆规模很小，已经被警员重重包围，此次抓捕行动将易如反掌。就在所长准备下令进入餐馆抓捕当事人时，意外发现嫌疑人正在跟其年幼的孩子吃生日蛋糕，其家人也在场，餐馆内的所有人都不知道一场抓捕行动一触即发。

在警方的执法行动手册中，一定不会写明"如果遇到嫌疑人跟孩子吃生日蛋糕该怎么办"这样的描述，警员完全可以马上冲进餐馆，雷厉风行地高调抓人，让嫌犯在其家人面前伏法。警员也可以尊重当事人，给其留一点作为父亲基本的尊严，在平静状态中令其伏法。

如果一个人的意识铭印中有"尊重"这种念，那么无论他身处何种境况，受到什么样的挑衅对待，都能把情绪与理智分开，把处理事情与尊重人格分开。

见到嫌疑人与幼儿相处，所长安排警员悄悄盯紧当事人，给他 20 分钟左右的时间与孩子相聚，不去打断。等嫌疑人与家人相聚得差不多时，所长才安排一位便衣民警过去提醒当事人，他已经被警察包围，请其出来归案——这一切都是在不惊扰其家人、不惊吓幼儿的情况下进行的。

当事人旋即明白，警方在本次抓捕行动中给了他最大的尊重。他平静地告别家人，走出餐馆主动接受缉拿。当晚在审讯中，当事人出于对警方的感激，主动招供了许多罪行，并积极举报其他犯罪分子，争取为自己立功。

《人民公安报》对此事的报道称，安徽警方本次执法是"有理有据有情有义"的最好典范。

铭印是一种念，念就是习惯的肇因。

每天都要注意你的念，这些念会成为你的习惯。你的习惯会形成你的行为，你的行为会导向一个结果，千千万万个结果就是我们的命运。

第 8 讲

危机处理：真诚比技巧更重要

迎合、控制、切割、转移、重建。

2021 年 1 月 4 日，拼多多 23 岁女员工猝死事件受到行业关注，旋即，知乎上疑似拼多多认证账号的"用命换钱"言论引发争议。

当天下午，拼多多发布声明称网传言论不实。但是，很快知乎发表声明，称知乎有严格的认证机制，原来的回应就是拼多多的官方回应。

第二天，拼多多正式发布致歉声明，称回应是外包员工所为，不代表公司立场，但此致歉声明并没有平息众怒。

无独有偶，2022 年 6 月 22 日，一辆蔚来汽车从上海蔚来汽车大楼总部冲出坠落，两名测试人员死亡。当天傍晚，蔚来汽车发表对外声明，声明中最后一句"本次事故与车辆无关"引发广泛的批评。

危机处理中，我们首先必须理解"公众第一视野"这个词。什么叫公众第一视野？就是大多数人头脑中第一时间会浮现的价值判断。

当意外发生时，公众立场就是对死伤者怀有惋惜之情，对引发意外的体系、机构或责任人持批评态度，至于造成意外的深层或浅层原因并不在第一视野之内。要化解危机，迎合就是第一姿态，自责、表示愧恨、立即采取亡羊补牢的措施，通常都能得到多数公众的认可。

公众的价值认知体系中，常常出现一种"细节超越整体"的偏向性心理。坏人做了一辈子的坏事，偶尔做一件好事，就会被认为本性不坏。好人做了一辈子好事，偶尔做了一件坏事，就会被认为是原形毕露。出现这种情况的基本原因在于，每个人的头脑中都存在一种"道德想象"的自觉：喜好按照自己想象的道德楷模去要求他人，一旦他人表现不达标准，就会产生苛责之心。

有效的危机处理就是，用真诚来迎合公众第一视野，用速度来控制危机的蔓延。

危机是一个庞大的命题，涉及的细分领域非常庞杂，既有公共安全危机、品牌危机、声誉危机，也有群体维权危机，不同的类型，对应的方法也会不同。正如烹饪时，是做湘菜、粤菜还是川菜，用的调料、器皿也会有相应的不同。所以，在处理危机时，首先要正确掌握方向，其次要正确掌握方法——关于"公众第一视野"的判断，就是关于危机处理方向的把握。

站在组织的控制者角度，危机之火已经燃起，必须立即力挽狂澜。

管理者可以依据危机处理的五个步骤进行危机管理：迎合、控制、切割、转移、重建。

第一步：舆论的迎合。

迎合是以退为进的一种策略。当危机发生时，信任的链条产生了断裂，为了让怒火迅速平息，保持低调、谦虚、诚恳，在危机处理中通常是非常有效的一种方式。

所谓的迎合，就是把疏导情绪放在澄清事实的前面，即使此时对责任的认定未曾明了，但责任方要表现出对事情的重视、对生命的尊重以及有责必担的真诚态度。

第二步：危机的控制。

商场发生火灾时，要迅速启动隔离门，来控制火灾的蔓延。企业运营中，一旦某条产品线、某个品牌出现问题或被主流媒体点名批评，确认情况属实后，企业通常需要宣布该款产品马上停止销售或某条生产线暂停营运。

暂停某一个危机点的运作，对于保证大局的稳定非常重要。危机处理最糟糕的一种情况就是，一种危机未处理完毕，同一类型的危机在同一地方再次爆发。这种情况一旦出现，就会给公众造成企业管理不力的印象。

如果涉及责任人，责任方的做法就是宣布暂停相关责任人的职务，待事情调查结果出炉后再进行论断。

第三步：危机的切割。

切割是在危机处理中常见的一种手法。

切割通常有三类，第一类是向上切割，第二类是向下切割，第三类是横向切割。

向上切割，指的是由组织高管出来担责，并且受到相应的问责，这种做法是为了让公众相信这家组织是有责任感的。级别高的人受到处理，更能迎合公众情绪。情况越严重，需要处理的领导级别就需要越高。

新闻链接：

2021 年 7 月 20 日，江苏省南京市通报在禄口国际机场工作人员定期核酸检测样品中发现新冠肺炎阳性样本。该机场出现聚集性疫情后，感染链不断延长，最后波及二十余个省份，造成全国重大影响。

疫情发生后，江苏省纪委监委、南京市纪委监委分别对南京禄口国际机场疫情防控不力问题进行调查并开展问责。东部机场集团有限公司党委书记、董事长冯某涉嫌严重违纪违法，接受江苏省纪委监委纪律审查和监察调查。冯某被指是这次南京疫情的最大责任人；东部机场集团有限公司党委副书记、总经理徐某涉嫌严重违纪违法，接受江苏省纪委监委纪律审查和监察调查。

通报显示，因履行疫情防控管理监督职责不力，方某受到党内严重警告处分，并被免去南京市卫健委党委书记、主任职务。

同时，负责运营南京禄口国际机场的东部机场集团党委委员、副总经理、办公室主任兼机场涉外疫情防控指挥部指挥长汪某，集团应急救援部主任尹某，因涉嫌玩忽职守，对疫情防控履行管理监督职责不力，造成重大损失和恶劣影响，被江苏省纪委监委立案审查调查并采取留置措施。东部机场集团地面服务部主任许某，因对疫情防控工作履职不力，造成重大损失和恶劣影响，被江苏省纪委监委立案审查调查。

(环球网)

向下切割，指的是将总部与区域公司进行区隔，将上级单位与下级单位、母品牌与子品牌进行切割。

当危机之火炽烈燃烧时，上级主管要控制危机之火不会火烧连营，就需要有壮士断腕之决心，把引发危机的下属主体与母体进行切割。2020年9月10日，北京某家狗不理餐厅威胁网友一事引发众怒。三天之后，天津狗不理集团立即宣布解除这家狗不理餐厅的加盟资格，解散该店。

横向切割，指的是把危机的重压扁平化，找到同一危机链条的源头分担者，向其转移舆论的怒火，这种切割方式通常只适合当事方不是危机的肇事者。

2006年，肯德基被媒体曝出食物中含有苏丹红，苏丹红是一种会致癌的添加剂。面对危机，肯德基主动承认其产品线中只有奥尔良鸡翅一款产品涉事，立即主动停止销售。同时，肯德基公布了这款产品的配料来自中山及昆山两家食品供应商。于是，媒体的注意力就开始转移追踪到这两家工厂，追问背后的市场监管是否做得不到位。

这种横向切割的方式适合性格特别强硬、公众支持率非常高的明星CEO，比如乔布斯、马斯克等。

2010 年 6 月 8 日凌晨，苹果公司发布 iPhone 4：外观极简风，"玻璃＋金属"取代塑料拼接，定制处理器……发布会现场，乔布斯每公布一项创新，就引来一阵欢呼。

其中，最让乔布斯骄傲的就是天线的设计。他用一贯高调的语气描述："把不锈钢带用于手机的天线系统，这是近似天才的工业设计。"

这款被称为苹果历史上"最具有划时代意义"的手机，在纽约第五大道的苹果旗舰店进行全球售卖。iPhone 4 开售 3 天就创造了 170 万台的销量奇迹，也成为苹果进军全球手机市场的代表作。

然而接下来，陆续有媒体接到举报称：iPhone 4 的天线有问题，一握住手机两侧的金属缝，信号就消失了。

很快，iPhone 4 的天线问题成为媒体关注的焦点事件，各种负面测评纷至沓来。巨大的舆论压力把乔布斯和苹果推到了危机决策的关键时刻。

2010 年 7 月 17 日，苹果针对"天线门"事件举行新闻发布会，乔布斯采取的危机应对方式就是横向切割方式。在发布会上，他说了 4 个简短有力却让人无法辩驳的短句："我们不完美。手机不完美。我们都知道这一点。但我们想让用户满意。"

乔布斯承认了 iPhone 4 的天线确实存在问题，并承诺尽力改正，但他并没有承诺召回已经售出的手机。乔布斯因此表示，如果有用户不满意，可以全额退款，也可以免费获得苹果提供的 Bumper 胶套——只要用胶套隔绝手和金属的直接接触，信号就基本正常了。对于已经购买胶套的用户，苹果予以补偿。在把同行都"拉下水"之后，乔布斯承认了"手机不完美"这一不争的事实，然后又给出了"我们想让用户满意"的解决方案。

乔布斯成功地将炮火转移了。漫画家斯科特·亚当斯本来已经准备好画一幅幽默的漫画，主题为"一部一拿到手里就不能使用的手机"。可当知道所有手机都面临这样的问题后，亚当斯笑称："幽默的机会也就随之溜走了。"

"通过一场大胆的新闻发布表演，乔布斯向人们展示了他的坚定、正义以及无辜，成功地回避了问题，消除了批评。"知名媒体观察家迈克尔·沃尔夫对乔布斯的表现如此赞叹。

最终，iPhone 4 的退货率只有 1.7%，还不到其他手机品牌日常退货率的三分之一。并且发售后的一整年，iPhone 4 都是市面上最畅销的智能手机。①

第四步：舆论的转移。

危机发生后，公众对事件的谈论会延续一定的时间，有时比事件处理本身还要长得多。舆论对危机的津津乐道对涉事主体来讲依然是一种伤害。所以，危机处理到了一定阶段后，责任方要会制造新的话题，引导公众的眼光不牢牢停留在某个负面焦点上。

2004 年 11 月，创维电视创始人黄某被香港廉政公署拘捕，罪名是挪用上市公司款项，黄某因此被判入狱五年，这是当时轰动一时的大新闻。创维集团面对董事长黄某被捕，采取了一系列有效的措施。黄某被捕之前，创维是一家典型的家族企业。危机发生后，创维集团宣布黄系人马全部退出公司的管理层。并且集团很快选出新的 CEO 王殿甫，并且上任时在人民大会堂举行了一场特别大的上任仪式。一系列的策划，是给媒体、公众、市场、投资人制造一个新的话题关注点。创维借此宣布，公司进入了职业经理人时代，努力向更规范、更制度化的方面发展。

第五步：信任的重建。

一次重大的危机，会让公众对品牌、组织和行政管理部门失去信任。为了让公众相信这种事情虽然已经发生，但不会在未来再重复第二次，那么就必须采取一些重建的措施。

这种重建，通常就是改变，重新建立秩序，重新建立架构。

① 王巍峰. 乔布斯和苹果拒不道歉的20天．"华裔韬略"微信公众号，2019－12－04.

2017 年，中国著名的餐饮品牌海底捞在北京的两家店爆出了重大危机。这两家店被媒体曝出后厨卫生情况堪忧。比如经常把拖布跟餐具一块洗、老鼠在菜品上爬……媒体记者拍了很多触目惊心的照片。这些照片第二天出现在全国几乎所有媒体的版面上。

按照上述所讲的危机处理的五个步骤，如果你是海底捞的董事长，你会怎么做？

关于海底捞火锅北京劲松店、北京太阳宫店事件的道歉信

尊敬的顾客朋友：

你们好！

今天有媒体报道我公司北京劲松店、北京太阳宫店后厨出现老鼠，餐具清洗、使用及下水道疏通等存在卫生安全隐患等问题，经公司调查，认为媒体报道中披露的问题属实。卫生问题，是我们最关注的事情，每个月我公司也都会处理类似的食品卫生安全事件，该类事件的处理结果也会公告于众。无论如何，对于此类事件的发生，我们十分愧疚，再次向各位顾客朋友表示诚挚的歉意。

各位顾客及媒体朋友可以通过海底捞官方网站（www. haidilao. com）上的"关于我们—食品安全—公告信息"或海底捞微信公众号（ID：haidilaohotpot）"更多—关于我们—食品安全—管理公告"查询我们以往对于该类事件的处理结果。

这次海底捞出现老鼠，以及暴露出来的在卫生清洁方面的问题，都让我们感到非常难过和痛心，今天，媒体的朋友也为我们提供了照片，这让我们十分惭愧和自责，我们感谢媒体和顾客帮助我们发现了这些问题。

我们感谢媒体和公众对于海底捞火锅的监督并指出了我们工作上的漏洞，这暴露出我们的管理出现了问题，我们愿意承担相应的经济责任和法律责任，但我们也有信心尽快杜绝这些问题的发生。我们也已经布置海底捞所有门店进行整改，并会后续公开发出整改方案，也希望所有

的媒体和支持海底捞的顾客监督我们的工作。

再次感谢社会各界对海底捞的关心和监督。

四川海底捞餐饮管理有限公司

（海底捞官方网站）

第一，迎合。海底捞当天马上发表致歉声明。这份道歉声明是经公司管理层一致通过的。董事长张勇也代表公司向公众致歉。

第二，控制。一个点的危机不要让其变成一个面的祸害。第二天，海底捞立刻宣布：劲松店、太阳宫店停业整顿。

停业会对公司造成损失，但在危机处理之中，付出代价是必然的。很多决策者在危机的前期，会因为对金钱的考量，没有第一时间做到大局观的处理，最后延误了时机，造成更大的损失。

这两家涉事的店如果不停业，第二天必然有蜂拥而至的媒体记者来采访，这会带来两个后果：一是干扰了正常营业，二是涉事的店继续营业会使公众对其更加不信任。

第三，切割。海底捞宣布，自罚管理层当月百分之十的工资，分管这个片区的副总裁被处扣除全年年终奖。

第四，重建。海底捞宣布了新的管理措施。首先安抚人心，宣布不开除两家店的任何一个人。反过来，给他们一个在职带薪学习的机会。所有员工全部送去集中学习，让他们对食品的操作流程有更明确的认识。宣布聘请第三方，对两家店的工作流程进行重整。同时，授权第三方对食品卫生进行随时监督。鼓励所有海底捞的客户，以后在就餐的过程中监督海底捞，让公众挑刺，情况属实公司将给予赞赏。

在危机处理中，最正确的思维就是：把投诉当成善意的提醒，而非挑衅。

案例索引：

广东科建仪器是一家位于东莞南城天安数码城园区的企业。2004

年，科建仪器刚刚成立一年多的时候，曾为一家制造型企业生产了一台检测设备，但交付后，对方的技术负责人对产品不满意，并明确表示往后不会再考虑科建的产品。当时科建的年营业额只有一百多万元，这台机器就占了二十多万元，对于初创企业来说，这是一笔非常大的订单。科建的总经理苏平经过一番思考，认为投诉意见对企业来说其实是一种改进的动力，所以他直接找到对方的技术负责人，提出一个解决方法，就是对方先继续使用他们的设备，而科建将在新技术的基础上为他们免费重新制作一台新设备。苏平组织研发和生产人员，加班加点地对产品进行优化，宁可损失十多万元也要保住企业的信誉。最终，对方对新交付设备的质量和科建积极为客户解决问题的态度表示认可，并与科建合作至今，成为科建最忠诚的客户之一。

在危机处理中，如果管理者心胸坦荡，把投诉当成提醒，把客户的不满当成动力，企业不仅能成功消灭危机，更能化危为机。

第五，转移。在海底捞进行危机处理的同时，网上的正面舆论已开始释放，如出现了一篇转发率非常高的文章，题为"海底捞，为何你的危机处理是如此出色"，通常我们可把这类文章视为海底捞公关部门的作品。

舆论转移就是进行自我舆论引导，释放正面的信息并不违背公关伦理。舆论转移并不是黑白颠倒，而是引导公众慢慢看向正面的信息。在海底捞处理负面事情的同时，有关海底捞的正面信息、良好信誉、出色服务等帖子在网上不断地流传出来。海底捞在对本次危机事件进行舆论转移的同时，动用了网评员、外部公司、媒体关系，同步开始正面地制造舆论。

海底捞这次危机处理，被中国国际公共关系行业协会评为 2017 年中国十大危机公关的最佳案例之一。它的做法就是根据危机处理的五个步骤进行：迎合、控制、切割、重建、转移。

第9讲

群体性事件处理：用良知指导实践

遵循内心的良知，外部复杂的世界就会变得简单。

FAIRNESS AND JUSTICE

2008 年 7 月 19 日，云南省普洱市孟连傣族拉祜族佤族自治县发生胶农与警察冲突事件，公安民警被 500 多名群众围攻、殴打，冲突过程中，民警被迫使用防暴枪自卫，2 人被击中致死。

孟连县的橡胶产业发展从 20 世纪 80 年代以来经历了两次改革，一次是乡镇企业改革，一次是股份制改革，但两次改革都不彻底。县里的橡胶产业开始是采用"公司＋基地＋农户"的模式发展起来的，胶农按协议价格，把胶乳卖给橡胶公司。"勐马"和"公信"是孟连县最大的橡胶企业，经历了从乡镇企业到股份合作制企业、私营企业的两次改制，但改制并不彻底，留有产权不清晰、管理不规范、分配不合理的后遗症。由于产权不清晰、管理不规范，利益诉求长期得不到解决。

2005 年以来，橡胶价格大幅攀升，从原来的几千元涨到 2.5 万元以上，但公司对胶乳收购价格不作调整，橡胶价格飞涨和农特税取消带来的利益被橡胶公司老板独享，引致胶农愤慨。胶农决定中止出售胶乳给公司，自行给价高的收购者，遭到公司派出的保安阻止，双方多次发生冲突。县、乡党委、政府对此简单地以治安案件论处，反复动用警力介入，刺激胶农，致使警察被打、警车被砸，"7·19"前已累计发生群体性事件 7 起。

胶农长期以来对橡胶公司的积怨，逐步发展成为对基层干部、基层党委政府的不满，加之少数违法人员乘机进行挑唆、误导，在个别地方出现了围攻、打砸橡胶公司，甚至围攻、殴打县、乡工作组人员，打砸公共财物，非法收缴群众费用，欺压群众等情况，致使基层政权不能正常发挥作用，群众正当利益诉求得不到及时调处，严重影响了当地社会的治安稳定。

相比于个体维权事件，群体性事件爆发的根源更为复杂，酝酿积怨时间更长。所以，其爆发之后的负面影响也更严重。

群体性事件的具体特征有以下几个方面：一是有一定数量和规模；二是涉及的行业、部门多，主体成分多元化；三是城乡群体性事件的指向对象不同，维权内容不同；四是表现方式激烈，内部矛盾对抗化；五是组织程度高，经济矛盾趋向政治化；六是各种矛盾相互交织，处置难度加大，群体性事件是一定政治、经济、文化、教育等多种社会矛盾的综合反映，也是一种不利于社会和谐的社会现象。

我国对群体性事件的认识，由于受不同的政治环境和经济、社会因素的影响，经历了不同的阶段：20 世纪 50 年代至 70 年代末称"群众闹事""聚众闹事"；80 年代初至 80 年代中后期称"治安事件""群众性治安事件"；80 年代末至 90 年代初期称"突发事件""治安突发事件""治安紧急事件""突发性治安事件"；90 年代中期至 90 年代末期称"紧急治安事件"；90 年代末期称"群体性治安事件"。

根据公安部关于《公安机关处置群体性治安事件规定》（公发 [2000] 5 号），群体性治安事件是指"聚众共同实施的违反国家法律、法规、规章，扰乱社会秩序，危害公共安全，侵犯公民人身安全和公私财产安全的行为"。

导致群体性事件发生的直接原因主要是群体利益受到损害后，群众缺乏表达渠道。更重要的原因是，面对百姓的诉求，基层不作为，"小事拖大，大事拖炸"，干群长期矛盾积累之后，从量变演变成质变。

2008 年 6 月 22 日，贵州省黔南州瓮安县 17 岁初中学生李某被发现死于河中，公安机关作出"自己跳河溺水身亡"的结论，引起家属与群众的不满。家属与当地公安部门在沟通此事的过程中，不满意沟通结果，又缺乏正确的向上申诉渠道，最终家属采取激进的抬尸游行，并导致 6 月 28 日群体性暴力事件发生。事件参与者放火焚烧了该县县委县政府大楼和公安局大楼，百余名警察在事件中受伤，50 余名事件参与者被警方控制。

事后，赶到现场的贵州省委书记石宗源就本次事件三次向百姓鞠躬道歉。按照以往政府常规的处理群体性事件的做法，此类极为严重的事件会被定性为打砸抢事件。结果石宗源的三次鞠躬道歉出乎大多数人的意料。

据《瞭望新闻周刊》报道，事件发生后，省委书记石宗源赶到瓮安，着手召开了不同层级的会议，又亲自到群众中去了解情况，了解到事件的深层原因是老百姓对当地社会治安和干部作风强烈不满，所以他的第一个做法并不是高压对付作乱者，而是代表官方向老百姓道歉。

"我们的老百姓太好，贵州的各族群众是非常淳朴善良的，也是非常通情达理的。"石宗源在现场特别强调，一定要慎用警力、慎用警械武器、慎用强制措施，决不能动不动就把公安政法机关推到第一线，更不能用人民民主专政的手段来对待人民群众。

石宗源书记为"6·28"事件向群众真诚道歉，显然并不是一个轻松随意的小插曲，而是彰显了鲜明的民本指向与难得的责任担当。

"决不能用专政手段对待群众"，应当成为政府在应对有关事件包括一些群体性事件时的一个基本原则。各级政府应当充分认识到维护群众利益问题的重要性，充分认识到维护群众利益对于维护社会稳定的重要意义。为避免类似事件再度发生，地方政府需要严格依法行政，真正做到以民为本，特别要依法保障公民的表达自由，畅通民意表达渠道，舒缓公众的焦虑与紧张，健全和完善正常的缓和冲突、化解矛盾的机制，营造宽松活泼的社会环境，建设民主和谐的社会生态。

（《瞭望新闻周刊》）

群体性事件的爆发，在一定程度上跟乌合的群体容易变得盲目冲动有关。法国著名社会学家古斯塔夫·勒庞在其名著《乌合之众》中曾对群体有这样的描述：

群众从未渴求过真理，他们对不合口味的证据视而不见。假如谬误对他们有诱惑力，他们更愿意崇拜谬误。谁向他们提供幻觉，谁就可以轻易地成为他们的主人；谁摧毁他们的幻觉，谁就会成为他们的牺牲品。

五百年前，中国明代哲学家王阳明提出"致良知"："无善无恶心之体，有善有恶意之动，知善知恶是良知，为善去恶是格物。"

他认为良知是心之本体，心的本体晶莹纯洁、无善无恶。没有私心物欲的遮蔽的心，是天理，在未发之中，是无善无恶的，也是我们追求的境界，它是"未发之中"，不可以善恶分，故无善无恶。当人们产生意念活动的时候，把这种意念加在事物上，这种意念就有了好恶、善恶的差别，即"已发"，事物就有中和不中，即符合天理和不符合天理，中者善，不中者恶。

良知虽然无善无恶，但是自在地知善知恶，这是知的本体；能区分何为善、何为恶这种能力，就是孟子所说的"良知"；而儒学理论的重点之一——格物，"为善去恶"。

一个人只有以良知为标准，以良知指导实践，才能取得善的结果。这就是"知行合一"这个词最深刻的意思。

我们把王阳明的哲学思想放在群体性危机事件的处置中，也是很重要的指导核心原则。在处置群体性事件时，"道义至上""责任担当""提前摸底""快速处理""灵活处理"五个方面最为重要。

道义至上：群体性事件大多属于人民内部矛盾而非敌我矛盾，处置的目的是解决分歧达致和谐，而非打击。在处理群体性事件时，应坚持以人民为中心的群众观点，慎用武力，涉及有人受伤，一定要以拯救、保护人的生命作为第一决策。

责任担当：应对群体性事件，首先需要管理者勇于直面矛盾、勇于负责、敢于担当。当群众聚集时，主要负责人应第一时间到达事发地点，坦诚与群众对话；敢于担负起应有的责任，安抚民心，防止事态进一步扩大。应对群体性事件还需要敢于对话、敢于决策。群体性事件中，只有与当事百姓积极对话沟通，才能了解其利益诉求，了解矛盾的根源关键，这是处理好群体性事件的大前提。在底子清、情况明的条件下，敢于决策是解决问题的第一步。

提前摸底：2016 年 4 月 30 日，海南省海口市秀英区对辖区琼华村进行拆违时，没有提前对群众反抗心理以及村里的情况进行摸底，贸然进行强行拆迁，引发大规模群体性事件，村民用石头、煤气瓶甚至气枪对公安民警进行攻击，导致 23 名公安民警严重受伤。现场执法人员进行反击时，又导致多名群众不同程度受伤，事态发展到严重程度。

要成功处理群体性事件，首先一定要对群体的情况做到提前摸底、心中有数。处置群体性事件，中央已经明确下令慎用警力，大多数群体性事件都属于人民内部矛盾，如果处置力度太大，很容易激发群体的强烈反弹。所以提前摸底的目的就是了解对抗群体的基本情况，了解谁是带领人，谁是怂恿者，如果可以做到提前干预、个别沟通，不战而屈人之兵，无形中避免大规模群体对抗事件的发生，则是善中之善。

快速处理：处理群体性事件要做到反应快、动作快、执行快，做到果断出手、果断处置。干部第一时间临场指挥，直抵事件"暴风眼"。因为群体性事件发生、变化很快，如不及时有效处置，将会导致事件不可控，造成无法挽回的损失和后果，必要时须采取果断措施。积极向群众宣传党和政府的政策，防患于未然，采取果断措施排除隐患，避免由于宣传不到位、信息不对称、组织协调不及时等原因而发生群体性事件。

灵活处理：在处理群体性事件时，要记得一条重要标准，即"遵守规定，超越规定"。这个世界不仅讲法、讲理，更讲情、讲义。在法律允许的情况下，为达到教育、警示和惩戒的目的，可采取社会矫正等惩处手段。此外，要学会处理好法与方法的关系，法律作为化解社会矛盾的工具，不可能解决所有问题，要学会运用、调动各种资源来解决问题。

网络上有一个著名的官司判决，就可以说明"以良知指导实践"的重要性，这个判决就叫"把枪口抬高一寸"。

1989年2月的一天傍晚，天空下着淅淅沥沥的小雨，大地笼罩在一片朦朦胧胧之中，东德士兵亨里奇正警惕地守卫在柏林墙东德一边。因为柏林墙的建立，常有东德人翻越柏林墙偷越到西德去。此时，士兵亨里奇发现有一个人冒着雨雾爬到柏林墙上，企图逃到西德去，亨里奇毫不犹豫地举起手中的AK–47冲锋枪，瞄准那个人的后脑勾动了扳机。

22岁的东德青年克里斯·格夫洛伊在企图偷越柏林墙时，被守卫士兵亨里奇开枪击毙。亨里奇受到上司的嘉奖，成为英雄。没想到，仅过了几个月即1989年底，柏林墙被推翻，东西德终于回归统一。这堵分裂国家的柏林墙，也成为那段不堪回首的历史见证。当年士兵亨里奇射杀翻越柏林墙的东德青年格夫洛伊事件，遭到格夫洛伊家人的起诉，要求追究亨里奇的法律责任。

在法庭上，亨里奇辩护称，自己作为一名守墙士兵是在执行命令，作为一名军人，执行命令是天职，他别无选择。

这时，法官西奥多·赛德尔义正词严地反驳道：作为军人，不执行上级命令是有罪的。但是作为一名军人，枪口对准自己的同胞时，把枪口抬高一寸、不打要害是无罪的。作为一个心智健全的人，你有把枪口抬高一厘米的权利，因为这是你应主动承担的良心义务。

在这个世界上，除法律之外还有"良知"。当法律和良知发生冲突之时，良知是最高的行为准则。尊重生命，道义至上，是一个放之四海而皆准的原则。

新闻链接：

2021年4月5日，河北金某驾驶货车进入唐山市丰润区姜家营治超站岗亭接受路警联合检查。执法人员发现该货车的北斗定位系统未在线运行，涉嫌违反道路运输有关法规，依法将车辆引导至治超站院内暂停，并告知金某到治超站证照室接受进一步核查。金某在这里被告知因货车定位系统掉线，将被处以2 000元罚款。他不愿意交罚款，但货车已经停在治超站内。如不交罚款，货车很难开出站。纠结之中，他在老家货车司机群里敲下了一段遗言。

"我不是不值2 000块钱，我就是想为广大卡车司机说句话。"开篇，他这样说。接着，他以自己为例描述货车司机的生存现状："干运输10年了不但没挣到多少钱，反落下了一身病，三高、心脏坏了，面对这样的身体也得坚持工作。""今天在丰润区治超站被抓，说我北斗掉线，罚款2 000元。请问我们一个司机怎么会知道？我感觉到我也快活不长了，所以我用我的死来唤醒领导对这件事情的重视。"最后，他向家人表示了歉意："我的死最对不起的是我年迈的老母亲。"并嘱咐儿女好好照顾奶奶和母亲："把日子过好，别学我窝窝囊囊一辈子。"

这或许是小学文化程度的金某此生最长的自白。

绝望的金某从裤子口袋内掏出事先购买的农药快速喝下，证照室工作人员报警并拨打120急救电话，经医院全力抢救，救治无效去世。结合医院临床检验诊断，公安机关认定金某系服用大剂量"敌草快"农药自杀身亡，家属对此无异议。

此事在货运司机群体中引发巨大的舆论反响。

（新华社）

在处理群体性事件时，其中一个处理原则非常重要，即"疏导情绪比处理事件更优先"。当个人情绪激动时，安抚情绪以防发生意外，这是避免危机升级的重要步骤。当群体开始聚集时，"隔离"也是防止事态升级的有效方式。

所谓隔离，就是把强硬的个体跟温和的群体隔离开，把带头人跟围观的群众隔离开，把意见最强烈的个人跟其他普通的群众隔离开。隔离的目的就是不让个体强烈的敌对情绪影响其他人，不让个体强硬的姿态感染其他人。

人的情绪很容易互相感染，我们常会看到，在房地产行业经常有个别的业主带头鼓动其他业主来对抗开发商，一个人的呐喊容易带来群体的追风。开发商解决这种问题的策略，通常就是对重点的人进行重点沟通，即对带头的人优先进行处理。

处理群体性事件的另一个原则就是"一视同仁，区别对待"。特殊事件，有时需要超越一般原则进行特殊处理。

郑州某银行曾经推出存款送鸡蛋活动，有一位80岁的老人早上将钱存入银行后，拿走了30枚鸡蛋。下午又一次排队将钱取出，重新存入，并要求银行再送鸡蛋，随后被银行拒绝。因为银行之前送鸡蛋的条件就是"新增存款"才能送鸡蛋，老人此举属于"老款转新存"，不符合规定。双方因此事发生争执，最后老人脑出血倒地，造成终生瘫痪，引发群体围观，事件闹大。

在处理此类事件时，考虑到当事人年高，随时可能发生意外，该银行就应该特殊事件特殊处理，当机立断，比如管理者可以以个人名义送出鸡蛋或者转换方式处理，最终避免事件恶化，否则损失更惨重。

对抗性的危机处理，通常按下面四个步骤进行：动之以情，晓之以理，诱之以利，加之以法。

第一步：动之以情。

在儒家文化主导的社会，处理任何的对抗，都要先礼后兵，无论是在危机管理的哪一个阶段，一旦进入了对话的阶段，我们就要把情感安抚放在前面，特别是涉及人命伤亡的重大事件时，首先不是讲道理或者摆事实，而是把情感的安抚放在沟通的前面。当进行危机谈判时，人数众多的时候，首先迎合公众的情绪，是危机事件处理的重中之重。

群体性危机事件的处理，一定要占据道德制高点。

比如游乐园出现小孩溺亡时，即使不是园区的主观过错，处理时也应该表现出对生命逝去应有的怜悯。反之，用冷冰冰的态度、讲道理的态度，甚至恐吓的态度来面对维权者，就必定会把事情越闹越糟。所以，群体性危机事件处理的第一要点是动之以情。

当尖锐对抗发生时，要把道义至上的姿态放在前面，这是赢得公众信任的前提，比如领导重视、诚恳道歉、对当事人共情等。

任何时候，对危机的正确认识都是，态度永远比真相更重要。

第二步：晓之以理。

处理危机事件时，最大的误区就是认为"有理走天下"。但如果没有情和法作协助，"理"有时候就显得非常单薄。面对愤怒的群体，道理往往是很苍白的。这时，为了让公众的情绪得以平复，让群体能够耐心听解释或者处理，首先就要迎合公众的情绪，所以把"动之以情"放在最前面。

几年前，某地的商贸城发生了一起意外事件。有一对在商城中开档口的夫妻，太太是一位临盆生产的孕妇，因为人手不足，她一直看守档口到很晚。

第二天在医院生产时，该孕妇意外流产，生出死胎。女士的丈夫怒气冲冲来到公司维权，一口咬定他的太太是昨天在商城上洗手间，起身时抓住厕所内的扶手栏杆，不料栏杆质量太差，忽然折断，导致孕妇摔倒。当事人称商城没有起到维护环境安全的责任，所以提出两百万元的索赔，当事人的不少老乡也出来围观助推。

面对这种维权危机，管理者首先要心态平稳、遇事不乱、遇事不慌，不会轻易被对方的某一个要求或者姿态所激怒，作为责任主体，始终要用最理智的态度来面对这种事情，这样才能作出最符合未来预期的决策。

政治学中有一对重要的概念叫"正确"与"正当"。在维权处理中，应该这样理解：维权者提出的诉求不一定是正确的，但其提出诉求的程序是正当的，是受法律保护的。

　　商品城总经理当时立即出来与当事人见面，并将其请进办公室，安抚其情绪，倾听其诉求。当事人称孩子夭折了，他太太还大出血，当下没有钱交医药费。

　　物管经理现场核查后回来报告，发现的确是有厕所手扶栏杆断裂，但这是不是导致孕妇摔倒并引致流产的主因，还需要进一步核查。但在这一刻，当事人似乎没有耐心去等待调查结束。

　　在危机管理的决策中，如果涉及人命伤亡，即使在责任认定未完全明确的情况下，决策的方向也应该是假设己方有责，以保证生命安全作为第一选择。这种决策虽短时间内会让公司遭受损失，但从长远来看，却能赢得民心。

　　第三步：诱之以利。

　　当时商城总经理在责任认定未明确的情况下，签发了一张 5 万元的支票，让公司的财务总监跟当事人一起去医院，先垫付了医药费，安排医院相关的一些医疗资源对孕妇进行急救。其他的事情待后续处理。

　　在前面的章节中，我们提到危机管理的决策必须迎合公众第一视野，即以顺应公众情绪的指向作为选择的方向。

　　在涉及人命伤亡的对抗事件中，动之以情必须放在晓之以理之前。所以当总经理态度诚恳地把抢救孕妇作为第一决策点，当事人与围观者都接受了，围观人群也散去了。

　　处理危机必须以事实为依据。在保证孕妇安全之后，商城调取洗手间的走廊以及门口的摄像记录，把资料交给鉴定公司，分析孕妇的流产跟其在厕所摔倒有没有直接关系。鉴定公司根据扶手的断裂情况，以及孕妇走出洗手间后离开商品城时的稳健步履姿态得出结论：孕妇即使在洗手间摔倒也是轻微的，更大可能是其在室外某处有较重的跌落，导致腹部受创。

　　当公司将鉴定结果告知孕妇的丈夫时，他却一口咬定公司做的这些证明和调查是虚假的，不肯承认这个事实。

　　在处理群体性事件时，要先动之以情，继而晓之以理，再是诱之以利，如用一定的经济补偿，来化解对抗行为的升级。假如这三者都失效，对方以恶意方式进行要挟，就必须将法律作为处理的最后原则。

第四步：加之以法。

在使用法律作为危机处理的武器时，通常是选择"震慑"而非"打击"，即用法律点到即止，让维权者放弃继续对抗行为，而非置对方于死地。

商城请孕妇的丈夫再次来到公司，在摆出事实证据之后，律师告诉当事人，如果他继续恶意维权并召集同乡来围堵公司的话，将承担法律责任，涉及罪名有敲诈、干扰正常商业秩序，至少会被判处五年刑罚。但只要他主动承认过错，写下和解书，事情到此为止。

当事人最终意识到继续无理闹事的严重性，承认了自己的过错。总经理也当即表态，出于人道主义，公司把之前垫付的 5 万块钱当作慰问金给了孕妇，双方正式和解。

回看以上危机事件的处理，我们再总结一下基本要点：

第一，隔离是关键。任何时候都要先把"挑事的人"跟"围观群众"隔离开，避免情绪的扩散。

第二，涉及人命伤亡时，道义至上。涉及群体对话时，首先要摆对姿态，动之以情，迎合公众的情绪，让对抗情绪不要继续高涨。

第三，尽可能多地在商业公共空间覆盖视频录像设备。当意外发生时，事实依据是处理的关键。涉及与投诉者、维权者谈判时，一定要在有监控与录音的房间里进行。

第四，诱之以利，当对方情绪还没高涨到一定程度时，作适当的让步，进行一定的补偿，能够化解对抗情绪，让对抗者不再继续对抗，这个成本是值得考虑的。

第五，用法律作后盾。在危机处理过程中，法律通常不是用于打击，而是震慑对抗者必须停止错误的行为。如果把法律当成打击手段，最后只会埋下后患。

第10讲

危机声明：警惕锚定效应

· · · · · · · ·

最具情绪色彩的词语会成为记忆关键词。

2021 年 8 月 2 日，媒体报道"奈雪的茶"店中出现蟑螂、过期食品等问题，此后奈雪发布了一份声明。从危机传播学的角度解读，这份危机声明存在诸多瑕疵。

"奈雪的茶"的声明（图源："奈雪的茶"官方微博）

当读者阅读一份文本时，按照头脑的阅读逻辑，并不是根据语法析义，而是围绕着关键词进行延展。当文本某些关键词的色彩特别强烈时，整份文本的核心理解就会被某些词笼罩。

这份危机声明中，奈雪官方重复使用了媒体报道中的"蟑螂""水果过期"等负面强烈的措辞，此举将使消费者产生"记忆锚定"——

最具情绪色彩的词会成为记忆关键词，诱引读者认知定型。

危机声明的正确写法是使用程度较轻的词进行锚定诱引，使消费者对事件的定性产生偏移。比如使用"出现卫生问题"等相对中性的词，来替换"蟑螂""芒果发黑"等词。

信息披露及声明是危机管理中的关键工作。在网络舆情出现时，恰当、准确、严谨的信息披露能够有效遏制负面情绪与谣言。

在重大舆情面前，不能期望一次信息披露就可说服公众。大众心理的复杂性表明，有些人愿意相信客观事实，有些人却只愿意相信主观情绪。所以信息披露中必须有双重价值设定：既公布事实，又迎合情绪。

2022 年国庆假期期间，某知名酱油品牌被爆双标事件：出口的没有添加剂，国内销售则存在添加剂。由此，该品牌市值受到重挫，紧急刊出危机声明。声明称，网民对其和中国调味品行业的攻击，是"企图用食品添加剂来误导消费者认为中国食品比外国食品差，要么是不明真相，要么是别有用心"，是"企图用'双标'来挑起消费者和中国品牌企业的矛盾对立，不仅打击了中国老百姓的消费信心，更会严重影响'中国造'的世界声誉"。

企业发表危机声明，目的是消除负面舆论，"三不"原则必须牢记：一是不妄测他人意图（该品牌认为是别有用心的人故意攻击）；二是不刻意煽动民族情绪（该品牌认为本酱油为中国造，中国人必须支持）；三是不要动辄威胁网民（该品牌威胁网民，依法追究责任）。回顾企业危机发展史，很少有企业是因为危机发生而倒闭，更多的是因危机决策不当而失败。

有理有据，有情有义，就是危机声明撰写的正确指向。

把信息披露写成八股文式的工作报告是错误的，因为不能迎合公众情绪的需求；把信息披露写成散文也是错误的，因为用情绪遮盖真相会导致公众更不信任。

2015 年 1 月 2 日 13 时 14 分，哈尔滨市道外区太古街 727 号一日杂品仓库发生火灾。火灾之后，哈尔滨市应急办发布了一份火灾情况通报。虽然行文并没有语法上的问题，但是其逻辑表达却引来了众多的批评。

哈尔滨市道外区火灾的通报

2015年1月2日13时14分，哈尔滨市道外区太古街727号一日杂品仓库发生火灾，该仓库系非消防安全重点单位，钢筋混凝土结构，使用性质为批发零售小商品。

火灾发生后，黑龙江省委、省政府和哈尔滨市委、市政府高度重视。省委书记王宪魁赶赴现场指挥；省长陆昊作出批示，要求省直有关部门迅速调动力量进行救援救治，迅速查明被埋有关消防人员情况，迅速查明火灾原因；省常委会、省委秘书长李海涛和省政府秘书长李显刚到现场组织灭火、救援、救治；市委书记陈海波第一时间作出部署，市长宋希斌，市委常委、常务副市长聂云凌，市委常委、宣传部部长张丽欣，副市长任锐忱等市领导现场指挥灭火、救援、救治工作；省委办公厅、省政府办公厅、省安监局、省公安厅、省卫计委、省公安消防总队等部门的负责人现场协助指挥。

火灾发生后，哈尔滨市公安消防支队第一时间组织集中警力，于13时23分赶到现场，开展灭火救援，及时疏散了群众，哈尔滨市公安消防支队共出动17个消防中队、110台消防车、指战员480人。消防部队到达后，发现靠太古街一侧二层中部起火，火势猛烈，该仓储情况复杂，给灭火救援带来相当大的难度，消防救援人员英勇奋战，及时疏散、保护了群众。21时37分，大楼突然坍塌，造成消防队员伤亡。截至目前，有两名消防战士当场牺牲；15名消防战士及1名保安人员被送到医院救治，其中1名战士经抢救无效牺牲；另有两名消防战士失联；群众全部撤离无伤亡；火灾原因正在调查中。

（哈尔滨市应急办）

在这份声明中，罗列领导重视与指示的篇章就超过300字，而对于消防战士意外身亡的描述却只有寥寥数笔。这违背了政府情况通报的基本原则：民为本，官为辅。

这份声明的正确写法是把第三段与第二段对调位置，并且把第二段进行压缩，重点突出消防战士的灭火过程，以及现场救援情况。

在突发事件处理过程中，发布声明是一个必备的重要环节。一旦危机发生，公众因为信息的不对称和对信息了解的渴望，心里会变得特别焦灼。于是，在危机处理过程中恰当、迅速地发表声明，是有效避免谣言蔓延、化解公众焦虑的一种重要方式。

危机声明要遵循两个原则：一是简明扼要，点到即止；二是有理有据，有情有义。

虽然危机声明是在阐述一件事情，但与写一般文本的不同之处在于，它通常以简短为好，不需要铺垫太多，也不需要冗长的描述，要用简短的文字、恰当的共情进行高度的概括。

在撰写的过程中，要避免使用一些不恰当的措辞，以免声明的内容被媒体揪住错误细节，或者某些不恰当的细节写进声明之后，被公众强烈围观。

2016 年 4 月 19 日，河南某风景旅游区发生意外。山上有石头掉落，砸中一游客导致身亡。

意外发生后，景区按照应急流程的指引，第一时间向上级写了报告，但这份报告被人转发至网络上，引发了巨大的舆论漩涡。

关于游客翁某在景区被石头砸中致死的相关情况报告

一、游客基本情况

姓名：翁某，男，67 岁，上海人。组团社：上海某国际旅行社；地接社：河南某国际旅行社。

二、基本处理情况

4 月 19 日 9:25，小寨沟景点安全员接到通知：一名游客（翁某）在小寨沟回路凉亭往下的台阶处，被一块猴子蹬掉的石头砸中脑部。景区立即拨打 120，由景区医护人员进行简单包扎后，小寨沟管理所所长薛某等人协助急救人员，将游客送至修武县人民医院抢救，经诊断不治身亡。导游已通知其家属。下一步，景区将就关于善后事宜与家属进行磋商。

　　同时，景区第一时间清理现场，封闭道路，组织工程队进行排查。

×××风景名胜区管理局
2016 年 4 月 19 日

　　在危机声明中，最基本的准线是使用的措辞要中性、客观，所引述的内容要有事实依据，不能带有主观臆测。而这个景区发表的报告犯下了大忌，把"猴蹬石头"这种主观臆想的细节写了进去。

　　这份报告被转发至网络后，被许多网友视为景区对此事的正式声明，事件迅速成为网络的热点。第二天，很多媒体都使用了"冠生园前董事长翁某被猴蹬石头砸中身亡"此类耸人听闻的标题，进一步吸引了公众的关注。

　　随着舆论关注走高，公众的好奇心也在加强，舆情危机进一步被强化。这就说明发布对外声明（危机声明）的核心是准确、有效地公布信息，从而消除公众的好奇心，而不是用错误的描述激发起公众的好奇心。

　　危机声明撰写要注意三大要点：一是描述必须客观、严谨、真实；二是使用的措辞要相对中性，不要有太强的情绪化用词；三是简明扼要，点到即止。

　　在上述报告中，景区缺乏基本的法律常识，当事件涉及有人员死亡时，任何责任方都不能对死亡原因妄加臆测，事故的定性只能由公安机关调查后公布。

　　景区的报告提及"翁某被猴蹬石头砸死"这个臆测的细节，受到媒体广泛批评，诸多网友认为这是景区在推卸责任，《新华每日电讯》在头版刊登出重磅批评文章《游客被落石砸死，真是猴子干的？》。

　　面对新一波来势汹汹的舆情，景区聘请外部危机管理专家一起探讨，三天后重新撰写了对外声明，这份声明措辞严谨，符合规范，很快就平息了舆论。

关于一名游客在×××被落石击中意外身亡的公告

4月19日9：25，一名上海游客在×××景区×××景点游玩时，被山崖上的一块落石击伤。景区工作人员发现后第一时间赶到现场展开救助，立即拨打120急救电话并上报情况，景区迅速安排医护人员赶到现场对游客进行包扎处理，随后送往修武县人民医院进行救治。

事发后，景区及时封闭相关游览道路，组织人员进行全面的安全排查，确保游客游览安全，并主动与游客家属联系沟通。

因伤情过重，该名游客最终抢救无效，不幸身亡。目前，景区已成立了善后工作小组，与家属进一步沟通，积极做好各项善后事宜。

×××风景名胜区管理局

2016 年 4 月 22 日

从危机传播学的角度分析，上述这份声明的逻辑就是：弱化过程，强化措施。

事件发生过程与细节描述要相对简单弱化，以免被媒体挑出纰漏过错，这叫弱化过程；事故发生后，责任方如何努力控制局面，拯救生命，保护当事人，体现责任方的努力，从而赢得公众的好感，可以适当浓彩重墨一些，这叫强化措施。

几年前，某地高速路上曾经发生一起两辆车追尾的事故，导致前车两人死亡。交警勘察之后，发了一份情况通报，该声明当时引起轩然大波。

事故发生的时候为深夜，被追尾车辆当时停在应急车道上，没有开灯，没有设置路障，一男一女坐在车的后座，被追尾撞击而死。警方通报时，将上述细节写得非常详细，一份本应严谨的警情通报却让文字充满了小说般的想象色彩，迅速引发公众围观心理的膨胀，很多网友写了对死者不敬甚至恶意污辱的言论。后来，两名死者的家人分别向法院起诉交警部门，认为交警发表的声明措辞不当、侮辱他人。

　　法院审理认定，警方的通报虽未违反事实，但是公开披露了太多跟事故无关的细节，这些细节涉及隐私，容易引发不必要的猜测，对当事人的声誉造成影响，判决交警败诉，并向当事人家属道歉。

　　我们必须不断强调危机声明的基本要点：简明扼要，点到即止。

　　在进行情况通报时，如果涉及隐私、跟正常逻辑反差很大的细节时，必须谨慎措辞。危机声明或情况通报必须在严谨客观的基础上，追求逻辑的自洽。

　　2005 年，丰田针对旗下两款越野车即陆地巡洋舰与霸道，在中国的广告杂志上发布了两则平面广告，引发众怒，媒体甚至将此广告定性为辱华广告。

丰田公司的平面广告（图源：丰田公司官网）

　　危机发生之后，丰田第一时间发表了一份对外声明，这份声明的严谨堪称企业危机声明的范本。

丰田公司危机声明

　　丰田汽车公司对最近中国国产陆地巡洋舰和霸道的两则广告给读者带来的不愉快情绪表示诚挚的歉意。

这两则广告均属纯粹的商品广告，毫无他意。

目前丰田汽车公司已停止这两则广告的投放。

丰田汽车公司今后将一如既往地努力，为中国消费者提供最满意的商品和服务，也希望继续得到中国消费者的支持。

（丰田公司官网）

丰田这份标准版的声明包含了四个部分：态度、定性、措施、承诺。

参考丰田的声明，我们可以很清晰地看到危机声明的常规构成。

第一，表明态度。如果有责任、有过错，就应该表述为"我们对此深表歉意"；如果没有主观过错，通常使用的措辞就是"我们对此深表遗憾"。如果涉及人命伤亡，最好使用"我们对此深表哀悼或愧疚"等更强烈的措辞。

第二，写明定性。定性就是讲述这件事情发生的原因。写明定性的标准不是有什么说什么，而是基于实事求是的原则，用避重就轻的词来描述。

每年 3 月 15 日，媒体会曝光很多侵害消费者权益的品牌。涉事企业在发表声明时，就要避开"央视曝光了本企业……"这样的措辞，改为"央视报道了本企业……"，这就是正确的避重就轻的修辞手法。

丰田在阐述事件发生原因时使用了"纯粹的商品广告"等中性的措辞，而没有像奈雪的危机声明那样，继续沿用媒体的负面措辞框架。丰田绝不能使用"这个不是辱华广告"，或者"我们绝对没有辱华"这种表达，否则就会出现"越否定、越强调"这种传播学上的锚定效应。

2019 年 11 月 11 日，部分激进示威者在香港作乱破坏，警方为自卫开枪击中一名袭警者，网络舆论造谣警方乱开枪，警方很快发出声明回应，否定了下令"胡乱开枪"。

从锚定效应的角度来看，警方的声明使用"胡乱开枪"这一措辞作为叙述的框架话语并不合适，因为即使是否定，也容易引发肯定的记忆——"开枪"这个词会被民众牢牢记住，而其附属的否定词却通常被忽略。

"香港警察"的声明（图源："香港警察"官方微博）

　　不使用谣言中出现的"锚"词语，从而不落入舆论的陷阱式叙述框架，是危机应对的关键之一。回应需要否定谣言，但不能直接重复谣言的核心措辞，而是使用新的叙述框架进行回应。比如香港警方可以不直接使用"胡乱开枪"这一措辞，而是正面强调警队一向纪律严明、处事谨慎，警员的一举一动都有严格的律法作为约束。

　　锚是固定船体的钩，传播学上的锚定效应是指否定一件事时，关键词强调得越多，就越给公众一种心理上的确定认知，最后变成越想否定，越成肯定。

　　丰田使用的措辞"两则广告均属纯粹的商品广告，毫无他意"，其潜在的意思是告诉读者，这只是广告表现手法上的夸张以及不恰当而已，毫无他意。"毫无他意"，在这里用得特别婉约，并且点到即止。如果违反此逻辑，丰田把"毫无他意"这四个字直接改成"我们绝对没有侮辱中国人情感的意思"，那就是"此地无银三百两"。

　　第三，采取措施。危机发生后，责任方宣布的措施应该是雷厉风行的，这是为了平息公众的怒火以及满足舆论的期望。这一部分不能使用如"讨论研究""稍后决定"这种模糊隐约的词，而是要使用"马上""肯定""立即""永不"这类听起来斩钉截铁、有决心、雷厉风行的词，才能使公众更加信任。丰田使用了"停止这两则广告的投放"这样的措辞，符合雷厉风行的标准要求。

第四，作出承诺。危机发生后，公众的信任被割裂，为了给公众信心，组织需要表明接下来的做法。这就需要向外界作出承诺，告诉公众如何确保此类事件不再发生。

在危机声明中，丰田的承诺就是"一如既往地努力，为中国消费者提供最满意的商品和服务，也希望继续得到中国消费者的支持"。

当然，世间的危机事件千千万万，并不是所有的危机声明都是千篇一律。丰田式的危机声明是一种标准范式，适合绝大多数的企业遇到危机事件时借鉴使用。在某些时候，为了让声明更有警示意义，责任方也会加入更多人文关怀的色彩。

2019 年 2 月 9 日 15 时 15 分，山东莘县公安局指挥中心接群众报警，有一青年男子从燕塔坠落。在确定系个人自杀行为后，该局发布了一份情况通报，此通报不仅措辞严谨，也充满人性关怀的温度，被多地警方转发、学习、借鉴。

关于莘县燕塔一青年男子坠落身亡的情况通报

2019 年 2 月 9 日 15 时 15 分，我局指挥中心接群众报警，有一青年男子从燕塔坠落。接警后，我局立即指派警力到达现场并组织图侦、技术等有关警种对现场进行封锁和勘察，经过调取监控和调查走访现场证人，已确定系个人自杀行为。

今天是正月初五，正是新春向好。可是，一条年轻的生命就这样从眼前陨落，大好的年华就这样提早结束，让人不禁扼腕叹息。生命不易，一路前行，且行且珍惜。父母渐老，羔羊跪乳，须报养育恩。生活中或有这样那样的困顿挫折，情绪也会有高低起伏，但我们每个人都是在生命的旅程中，奋力跋涉，负重前行。人生没有过不去的坎，哪怕面临绝境，只要咬紧牙关，坚持坚持再坚持，也许就会山重水复疑无路，柳暗花明又一村。生命，属于我们每个人都只有一次，不可也不能重复。无论如何，作为一个人，都要自珍自重，都要对自己负责，对父母家人负责。

没有经历过，谁也无法体会死者家人的沉痛心情。不非议，不传播，是对死者的尊重，也是对其家人的安抚和保护。请勿再传播相关视频，让逝者安息，生者在悲痛中生活逐渐回归平静。死者长已矣，愿逝者安息！

珍惜当下，平安过年。

莘县公安局
2019 年 2 月 9 日
（山东莘县公安局官方微信公众号）

绝大部分的警方声明都只是阐述事件，不会融入人文情怀。但莘县公安局的这份声明与众不同，特别是倒数第二段"请勿再传播相关视频，让逝者安息，生者在悲痛中生活逐渐回归平静"，具有非常强烈的人文色彩，这就是以情动人、以理服人的最好典范。

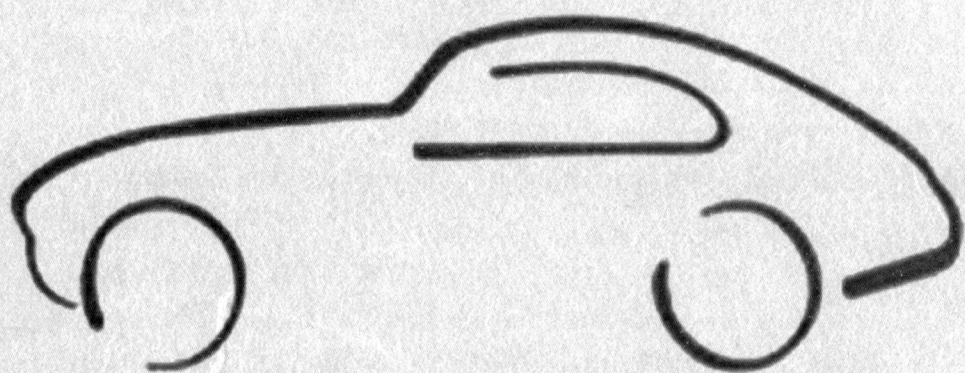

第11讲

讲话的艺术：如何接受记者采访

速讲事实，慎讲原因。

公关

速讲事实   慎讲原因

NEWS
NEWS
NEWS
NEWS
NEWS
NEWS

哈佛大学肯尼迪学院内有一块牌匾，上面写着一句格言，提醒这些美国未来的官员们如何看待媒体关系。这句话是："新闻界既不是朋友，也不是敌人，它只是一种力量。"

媒体记者不是敌人，不能将其推到敌对面。同时，官员也要注意与记者交谈的分寸，无意中的言语才不会被媒体错误引用，造成麻烦。将记者视为第三方监督力量，既待之以诚，又在沟通上把握分寸，才是正确的沟通之道。

在媒体发达的当下，只要突发事件发生，记者就必定来报道。如何跟媒体记者打交道，如何接受采访，是危机管理中的重要模块。有些党政干部或者企业的管理者，因为缺乏最基本的新闻素养，在一些常规的沟通中无意中犯下很糟糕的错误，这些错误被媒体有意放大后，最后演变成了声势浩大的舆论危机。

面对记者，任何一位新闻发言人都要谨慎与细心。因为在重大危机面前，只要任何一句话引起记者的偏差性理解，都可能带来很大的负面影响。

2012 年 8 月 11 日 20 时 54 分，广东省东莞市樟木头镇发生一起严重车祸。一辆宝马车拐弯时车速过快，发生了意外，撞上人行道，当场撞死三人、重伤多人。

随即，樟木头警方通过镇政府发布通稿称，肇事者 26 岁，无业，曾在广州接受精神心理科门诊诊治，其父亲为东莞某商贸公司董事长。当天晚上，有媒体记者打电话采访，警方某发言人称：这个车主可能精神有问题。

第二天，媒体发表了题为"东莞发生宝马车撞人事件，警方称车主是个精神病人"的报道。

媒体的报道对读者产生了很大的偏差性误导，许多读者误认为警方有意为肇事者无罪洗脱，于是群情激奋，引发了社会重大舆情。虽然公安局后来不断地澄清事件，并再次对肇事者进行了精神鉴定，鉴定显示肇事者案发期间处于深度抑郁期，警方的通报与回应并未违背事实。可惜这个迟来的真相并未阻止舆情的发酵。

在危机漩涡中，事实离我们很远，真相离我们很近。

新闻发言的基本理念是：速讲事实，慎讲原因。

事情发生的客观经过、参与人、当事人、损失、伤亡等基本情况，可以第一时间告知公众。但事情发生的具体原因，人为还是非人为，有意还是无意，需要在调查程序结束后才适合公布，这样方能给公众客观、严谨的印象认知。

在重大舆情危机面前，任何不经严密论证程序公布的结果，都将会成为引爆进一步危机的导火线。

2009 年 5 月 7 日 20 时许，浙江大学毕业生谭某在浙江省杭州市文二西路被胡某所驾驶的改装三菱跑车撞飞，后送医院不治身亡。有目击者声称，谭某被撞出大约 5 米高后又重重摔在 20 米以外的地方。因涉嫌超速驾驶，肇事者胡某被刑事拘留。

5 月 8 日，杭州交警召开新闻发布会，提及 "当时车速在 70 码"（注：实际应为 "公里 / 小时"），由此引发舆论不满。同日晚间，杭州市民及浙江大学学生自发走上街头为谭某举行追思会。逼于巨大的舆论压力，杭州警方承诺将重新调查此事，杭州市市长称该事件骇人听闻，要严惩。

5 月 11 日，杭州警方承认肇事者存在违法超速行为，认定事故车在事发路段的行车时速在 84.1 公里 / 小时到 101.2 公里 / 小时之间，同时就早前的 "70 码" 说法向公众道歉。据内部人士透露，当时交通肇事后，胡某被警方拦下，民警问询他开车时速多少，胡某随口答 "70码"，警员在没有进行核实的情况下，第二天就在新闻发布会上提及这个速度，随即成为触怒网友的媒体头条。

此事为 2009 年轰动全国的 "欺实马"（70 码）事件。

在新闻采访中，官员或新闻发言人除了要注意 "速讲事实，慎讲原因" 这一要点外，还要注意记者采访时提出的某些诱导性问题——记者为了让新闻更具冲击力，使用假设式提问，暗示回答者沿着这个思路进行回答，不加防范的发言人有时就会给出错误的回答。

采访中，有一类问题被称为陷阱性问题，即提问者用假设的问题来诱导回答者进行肯定式回答。

新闻发言人要牢记一条原则，接受采访是 "为了阐述信息，而不是为了回答问题"。

"为了阐述信息"的意思就是，无论记者如何提问，发言人都要以自己原来拟定的主题或核心信息为回答的中心，发言人是主角，任何时候都不要被记者问题牵着鼻子走。

"为了回答问题"的意思就是，记者提问什么我就得回答什么，记者是主角。如果按照这种思路，总会有一两个问题使发言人难以回答，最后不得不落入尴尬局面。

沿着这个思路，发言人可以掌握新闻发言的标准口径三大关键词：态度、措施、承诺。

态度："我们对××发生的事件高度重视。"

措施："我们已经立即责成有关部门进行深入调查。"

承诺："调查的结果会以事实为依据，以法律为准绳，严格依法处理。"

以上三个关键词以及三句由此延展出来的话语，应该理解为回答时的标准维度，而不是一成不变的回答。在具体的情景下应用，发言人需要根据情况的不同进行适当变化，比如添加措辞——当发生人员伤亡时，除了表明对事件高度重视外，还应该表示出对伤亡者的痛心与难过之意；如果产品产生问题，除了深入调查外，还应该宣布涉事产品已经下架。

把以上标准口径放在具体案例的问答中，你就会发现其通用性之强大。

模拟案例 1：

设想你是东莞公安局新闻发言人，发生宝马车街头撞死四人事件之后，媒体记者第一时间来采访："请问刚刚发生的那个重大案件是什么原因？肇事者是不是精神有问题？"

模拟回答："谢谢记者同志对此事的关注。事件发生后，我局对此高度重视（态度）。我们在第一时间启动相应程序，责令相关部门深入调查（措施）。调查的结果，我们将以事实为依据，以法律为准绳，严格依法处理（承诺）。再次谢谢你们的关注。"

模拟案例 2：

设想你是雷州市副市长，媒体记者采访："请问为何法院判决政府败诉，政府一直不还钱？"

模拟回答："谢谢记者同志对此事的关注。判决之后，我们市委市政府对此事高度重视，对事件造成一些舆论困扰深表歉意（态度）。我们已在第一时间启动相应程序，责令相关部门深入调查（措施）。调查的结果，我们将以事实为依据，以法律为准绳，严格依法处理（承诺）。"

在新闻采访中，有许多可以借鉴的法则。其中最重要的一条就是，**真诚比技巧更重要**。

如果记者所提问的内容超出自己的了解，最好的回答就是诚实承认自己不了解，恳请记者让自己会后去查询资料或向其他相关人员了解之后再来回复。

不知即不知，诚恳的态度胜于一大串的强词争辩。

与记者沟通中的真诚，不仅包括讲真话，还包括用耐心的讲解、渊博的知识、不亢不卑的态度去与记者进行沟通。

一个人要想做到讲话有艺术，知识渊博是基础。如果还能加上鲜明与幽默的个性，那就更能成为令人折服的高水平讲话的楷模。

第12讲

舆论引导：幽默是智慧的一抹微笑

·········

如果于情于理都难以说服，那就试试幽默。

有一次，我去川菜馆吃饭，专门叮嘱服务员不要放太多辣椒。上菜后却发现每道菜都很辣，于是向服务员抱怨。她想了一下，然后说："先生，真是对不起，估计厨师刚才忘了看备注。您要不玩会儿手机，过一会儿再吃。"

我惊讶地问："过一会儿再吃，菜就不辣？"

服务员顽皮地向我眨眨眼，说："时间可以冲淡一切。"

…………

我哈哈大笑，气消了，菜也开始变得香了。

人生不易，生活已经够苦，而幽默是智慧的一抹微笑，让人在欢笑之余忘却不满与痛苦。

每一次危机的发生，都会伴随着强烈的舆论升级。在处理危机时，要两条线并进：第一，线下事件的处理；第二，线上舆论的引导。

线上的舆论场，我们面对的是一群看不见、神出鬼没，时而高兴、时而不高兴的不确定群体。人在网络中，因为匿名而变得狂暴，容易受到怂恿。

舆论的引导包含三条线：第一条是利益的诉求，第二条是价值的诉求，第三条是事实的诉求。这对应着网友的三种心理：希望得到利益回报，希望看到情感释放，希望听到事实呈现。有效的舆论引导通常包含三个层级的构成：利益、价值和事实。

如果能够在舆论引导中恰当加入一点幽默的色彩，则会发挥意想不到的效果——幽默的人最可爱。

2020 年 6 月 30 日，腾讯向深圳市南山区法院提起对"老干妈"的诉讼，理由就是"老干妈"拖欠推广费用。后来事件很快水落石出，腾讯是被内部人骗了。腾讯不仅被内部人欺骗，还把无辜的客户告上法庭，引发网友集体嘲笑——腾讯也有今天！

在处理该事件时，腾讯展现出了成熟的危机公关技巧——运用了反向管理模式，通过自嘲自黑的方式平息公众怒火，让网友看到责任方的自省。

火箭少女 101 成员、歌手杨超越在年轻人群体中小有名气，她曾在一次演唱会的最后向听众说道："我是干啥啥不行，跟老板吵架第一名。"

杨超越的致辞逗乐了许多人，也迅速引发许多人的共鸣，被许多网友改写成各种版本。针对自身的乌龙事件，腾讯做了一段小视频，这段小视频的文案就是模仿杨超越而作："我真是干啥啥不行，吃辣椒酱第一名。"

这段一分钟左右的视频通篇都是腾讯自嘲糊涂，通过卖乖的方式让网友开心，也借此暗暗向"老干妈"示好。

对不起，那个 Q 哥 Q 妹们，我真是干啥啥不行，吃辣椒酱第一名。但是这两天我压力实在是太大了，我就是帮人做了个广告，我没想到要吃辣椒酱吃两年。你不知道那种就是一大早被飞车拉去一个地方，他告诉你要去吃辣椒酱，我说不行的，他说企鹅你可以的。然后，其实我这几天经历了很多的反转，他们说企鹅怎么可能吃假的辣椒酱呢？它可是老企鹅啊！我想说真的，我觉得我给你们做了很好的榜样，你们看，天底下哪有一直走运的鹅？它说不定什么时候就会买到假的辣椒酱，现在你看到了，有人祝我用餐愉快，有人笑出了猪叫声，有人还叫我发微信红包庆祝一下，说我就配拥有这些酱。可是这些酱太重了，QQ 飞车根本装不下。我现在好焦虑啊，别人买一瓶假的亏 8 块，我亏 1 600 万！……

（根据视频内容转录）

腾讯这段自嘲的视频在网络上获得近五千万的播放量，许多网友在会心一笑之后，反过来佩服腾讯处理此次危机的高明。

在处理危机事件时，网络关注量下降通常就代表这件事情正在离开公众的焦点，开始变好。反之，舆论热度不断地向上、不断地推高，那就说明这件事情正在变坏、正在变质、正在恶化。

适当地自嘲自黑，用低姿态取悦公众，让网友在开心一笑之中忘掉不满，这在不涉及性质恶劣的危机事件处理上是有效的。当然要记住，这不是一种通用的标准。如果危机事件中涉及人员伤亡、严重的情感伤害，那么涉事责任方的处理必然是诚挚道歉、迅速整改，这称为正向危机管理模式。

对于不同的危机事件，舆论的引导也要有所不同。

2015 年 4 月，复旦大学有一名学生晚上没赶上校车。校车的管理规定是晚上 10：00 最后一班校车准时开出，这名学生 9：59 来到时，校车刚刚开出。这是一个非常小的事件，但是这名学生非常认真，晚上洋洋洒洒写了一篇很长的投诉信，寄到总务处去，并且贴到学生群中，引发了不少人的关注。

在网络危机应对上，这么一件很小的事情，校方是否需要回应呢？对于网络舆情的回应，判断标准有两个：事件的性质严重与否、投诉者的认真程度如何。

以上的事件属于小事件，但投诉者很认真，也引发了一定的关注，校方必定要回应。这种回应属于姿态的重视，与是否存在责任无关。

姿态决定事态，真诚比技巧更重要。

第二天，总务处一位女老师回了一封信。此信一出，不仅投诉者心服口服，围观的网友们都高呼总务处太有才。

同学：

你好！

投诉收悉，已转达我们校园管理办公室的负责老师。

友情建议你还是提前几分钟到达候车点。不过若是碰到校车刚起步驶离从你身边经过的情况，你也可以挥挥手，校车司机会根据实际状况短暂停留让你上车。

记得有一句台词：这个世界上，无解的事很多，比如说，如果你可以早一分钟，或者只要早几秒钟，你是不是就会和某个人、某件事产生连接。但往往大部分的人生我们总是在错过。错过倒垃圾；错过最后一班车；错过点名。

很早以前，QQ 空间亦有经典名言："人生不能错过两件事：第一，回家的末班车；第二，最深爱的人。"

愿你不再错过末班车，愿你和你最深爱的人永远在一起。

总务处

（中国青年报）

很快这一回应函被很多网站转载，很多媒体报道该事件时都用了"复旦学生投诉校车误点 收到'史上最文艺'回复"这样赞扬性的标题。该事件从校车管理不当变成了学校处理学生投诉的典范。

逆转网友态度，就是网络舆情危机处理的方向。

从复旦大学的回应函上，我们可以看出一份优秀的网络投诉回应包含以下三个部分：

第一，表态。对事件进行简要的解释或者表明态度。

第二，拔高。不就事论事，以免落入公说公有理、婆说婆有理的争执。而是从不同的维度对此事进行解读，引发投诉者与围观者的另一种思考，从而避免他们对特定事件穷追不舍的纠缠。这一部分是整个网络回应中难度最大、最考验思辨能力的地方，需要撰写者有开阔的视野与哲理性的思考能力。

对于校车提前走一分钟这件事，从原因上可能有一百种解释，但是这位女老师进行了拔高："这个世界上，无解的事很多……大部分的人生我们总是在错过……"并且，她告诉学生："如果你可以早一分钟，或者只要早几秒钟，你是不是就会和某个人、某件事产生连接。"

当一个维度的对话进入困境的时候，那就在新的维度上开辟另外的战场。这就是一种引导网络舆情的有效方式。

第三，祝福。即使面对投诉或者责骂，你依然能保持一份微笑，并对挑衅者进行祝福，这种行为必然可以占据道德制高点，赢得最多网友的支持站队。

有时，我们可以看到某个明星做了错事，被网友责骂之后，他怒火攻心地回击网友，最后的结果一定是这把火烧得更旺。所以舆情引导的关键之一就是无论谁投诉，无论指责什么，无论指得对还是不对，我们都要站在一个更高的道德制高点，祝福他们，虽然不一定能化敌为友，但道德的风范可以赢得围观者的好感。

2011 年 6 月 26 日，有网友在天涯论坛上爆料称，四川省凉山州会理县政府网站发布的一则新闻中使用了合成痕迹明显的领导视察照片。随后，该图片在网上引发了 PS 狂潮。网友们对图片进行了新的合成，原图中的 3 位领导走出会理县、走出国门，甚至离开地球，背景包括车上、太空、草原、南方水灾现场等多个场景。

随即，会理县政府网站被汹涌而来的网友挤"瘫痪"。

事件发生当晚，会理县政府接受《天府早报》等媒体采访，作出正面回应，并在政府网站上发表致歉声明，贴出了 PS 前的原图。PS 事件的当事人、会理县政府网站技术员孙正东在新浪网开通实名认证微博，向网友说明情况并致歉。

致歉信

尊敬的各有关网络媒体、各位网友：

我是会理县政府办的一名工作人员，根据安排，我于 6 月 15 日下午跟随县长李某到黎溪工业园检查通乡公路建设和烤烟生产等工作，在黎溪工业园黎洪乡与先到的副县长唐某一行会合，当晚 9 点多钟才返回县上。按照政府网站信息宣传需要，工作中我拍摄了一些领导工作照片用于图文信息宣传。2011 年 6 月 16 日，在政府网站刊载信息时使用了 3 张照片，由于照片有光照、角度、背景杂乱等效果不佳的问题，故在使用时对该照片做了拼接、修改，造成照片失真，带来了不良反应和影响。

在此我谨向各有关网络媒体和广大网友表示深深的歉意，恳请谅解，并保证在今后的工作中绝不再发生类似情况。

孙正东

二〇一一年六月二十七日

（"四川省会理县政府"官方微博）

6 月 27 日晚，孙正东在微博上转发并评论网友对会理县领导的各种 PS 恶搞图片，从中挑选自己认为"最喜欢"的与网友分享，并表示自己"在加强练习 PS 技术的同时，还将学习微博操作，以便跟大家介绍会理县"。"听说 PS 还在继续，会理县领导表示压力很大。他们不仅要长时间保持同一姿势处于飘浮状态，还要全球各地地跑……很忙很累的有没有?!"

与此同时，会理县政府开通新浪实名认证微博，并与孙正东的微博一起，积极和网友进行互动，以轻松诙谐的语气回应网友的 PS 恶搞，并借机推介会理旅游。在正式道歉文发出之后，孙正东又在微博上写上这样一段话：

感谢全国热心网友，让会理县领导有机会在短短的时间内免费"周游世界"，"旅行"归来后，领导已回到正常的工作轨道，也希望网友把关注的焦点转移到会理这座古城上来。会理是座有着两千多年历史文化的古城，也是古南方丝绸之路的重镇，看看@阿卓志鸿 镜头下的美丽的会理吧，绝对没有 PS 哦。

这条幽默的回应微博成为新浪微博中带有"会理"关键词的转发量和评论量最大的单条微博，绝大部分的网友都是以褒扬的态度进行留言，对负面舆论的迅速逆转起到了促进作用。

面对工作中的过错，会理县政府态度诚恳，不推责给临时工，还敢幽默公开拿县领导"炒作"，这让网友大感意外，对会理县的印象开始发生改变。

事件发生之后，某些团购网站和旅行社开始推介会理旅游套票。此前名不见经传的会理县一"图"成名。会理石榴、会理古城都开始走进网友的视野，成为微博上热传的旅游信息。不少网友表示，在 PS 欢乐之余，"对会理产生了浓厚兴趣，很想去旅游"。

中国公关网官方微博发文称："危机公关，该学学四川会理好榜样。会理县政府和当事技术人员及时公开道歉，并将 PS 的原图和过程公之于众，对网友的各种恶搞图片不仅宽容，还跟着转发，并乘机宣传了会理县那些绝对没有 PS 过的美丽的图片。这样的回应水平，被网友叹为'近年来最为成功的政府危机公关案例'。"

幽默是人生的苦中甜，是智慧的闪光，是最容易拉近人与人情感距离的有效方式。一个出色的危机处理者，不仅需要掌握危机处理的技巧，需要拥有人生的智慧，还需要具备能苦中作乐的幽默细胞，这将会在关键时刻发挥意想不到的效果。

2021 年 8 月 7 日下午，北京野生动物园里，有两家人在参观动物的过程中发生撕打，引发了舆论的关注。北京野生动物园为了通告群众以后在参观过程中一定要自律、文明、忍让，发布了一则幽默风趣的事件通报。

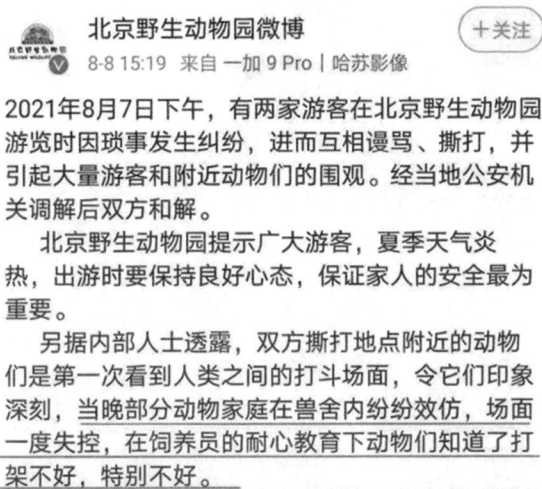

> **北京野生动物园微博** ＋关注
> 8-8 15:19 来自 一加 9 Pro | 哈苏影像
>
> 2021年8月7日下午，有两家游客在北京野生动物园游览时因琐事发生纠纷，进而互相谩骂、撕打，并引起大量游客和附近动物们的围观。经当地公安机关调解后双方和解。
>
> 北京野生动物园提示广大游客，夏季天气炎热，出游时要保持良好心态，保证家人的安全最为重要。
>
> 另据内部人士透露，双方撕打地点附近的动物们是第一次看到人类之间的打斗场面，令它们印象深刻，当晚部分动物家庭在兽舍内纷纷效仿，场面一度失控，在饲养员的耐心教育下动物们知道了打架不好，特别不好。
>
> **官方声明**
> ★ ★

北京野生动物园的官方声明（图源："北京野生动物园"官方微博）

北京野生动物园的这份声明迅速火遍朋友圈，许多人看完忍俊不禁，都为北京野生动物园点赞。此事发生之后的第二周，北京野生动物园的游客量翻了一番，因为许多游客都想来实地看看那个兽笼里的动物经过批评教育后，现在的行为变好了没有。

智慧的光芒，永远是一道美丽的风景线。

某某动物园

第13讲

态度 速度 透明度：新闻发布会

预测问题＋准备口径＋巧妙引导。

　　2018 年 6 月 24 日，某知名房地产公司的某地售楼处模架坍塌，造成 1 人死亡、9 人受伤。7 月 26 日，该房地产公司另一个项目的建筑工地发生坍塌，造成 6 人死亡。短短一个多月的时间，该房地产公司就发生了 7 死多伤的悲剧。

　　2018 年 8 月 2 日，该房地产公司召开新闻发布会，召集全国数百位媒体记者参加，意图对连续发生的危机事件进行说明，重申企业重视安全的原则。

　　该房地产公司董事长杨某率领集团所有高管出席，其规格之高让人刮目相看。但这次严肃的新闻发布会，最后却变成了一次舆论危机。

　　该房地产公司给当天出席的记者们提供了香奈儿包包、现金车马费、长隆游乐园门票等不菲礼品。一些记者出于职业操守退回了这些礼品与现金，有记者直接在网络上公开此事，认为该房地产公司此举是企图收买，意图让记者们不要过分报道负面新闻。更备受记者诟病的是，该房地产公司在半小时左右的新闻发布会中，董事长杨某多数时间都是在回忆艰苦的创业史，而不是对事件进行说明与反思。

　　在当天的媒体见面会中，杨某自我评价："我感觉自己是天底下最笨的人，做了很多的事情，我是很亏的。我本来可以去亚马孙漂流，我可以跟大哥去珠穆朗玛峰爬山，我很喜欢读书和想东西。"

　　"天下最笨杨某"成为第二天许多媒体报道的焦点。严肃的发布会被解构了，嘲笑、批评、调侃铺天盖地。

　　在新闻发布会上，信息发布只是手段，获得记者的认同与共鸣，最终带来客观、较为正面的报道才是目的。从这个角度而言，该房地产公司的本次危机新闻发布会没有达到应有目的。

　　危机让各方信任发生断裂，重建信任是顺利对话的基础，重建信任的方式就是情感认同。该房地产公司的这次新闻发布会，从策划到细节的安排都存在漏洞，进而引发会后的舆论危机。

　　重大危机发生之后，新闻的发布有三种方式：一是主动在网站上发布新闻稿件，或者直接发稿件给新闻记者；二是邀请记者采访组织的管理者；三是邀请记者到会场，召开新闻发布会，对新闻媒体广而告之。

　　并非所有的危机事件都需要召开新闻发布会。新闻发布会通常意味着事件很严重，比如涉及人命伤亡，或者事件备受舆论的关注。如果情况没有严重到需要特别广而告之，主动召开新闻发布会会适得其反，本来不太关注的媒体会因此关注该事件。

在连续发生了人命伤亡事件之后，该房地产公司主动召开新闻发布会是正确的，只是召开新闻发布会的基调没有把握到位——在与会记者看来，该房地产公司本次新闻发布会的基调就是"我们不容易""我们很成功"。

在新闻发布会的策划上，基调的把握就如大厦之地基。千丈高楼要站得稳，地基就必须摆得正。涉及重大人命伤亡的新闻发布会，悲伤、哀悼、警醒是基调，其他的成就、业绩、奋斗、利润之类在生命与心灵创伤面前都是反作用物，因此切莫在发布会过程中过分提及。

同样作为房地产行业的大事件，2012 年另一家知名的房地产公司被爆出"毒地板"事件，与上述房地产公司不同的是，该房地产公司的新闻发布会的基调得到了媒体认可。

毒地板事件发酵于 2012 年 2 月 16 日，一位自称"国内某建材专业杂志副主编"的网友"李某"，在凯迪社区发布了题为"惊爆！××全装修房大量使用××品牌劣质毒地板"的原创帖，称××品牌违法使用甲醛严重超标的基材来制成地板，引发全国媒体关注。

2 月 21 日，该房地产公司总裁郁某、董秘谭某、分管采购的副总周某召开新闻发布会，与媒体沟通本次事件。在发布会现场，郁某称集团管理层在 2 月 16 日下午获悉此事后，立即启动了紧急调查程序，具体措施包括：暂停采购××品牌地板；对已采购未安装的××品牌地板全部封存；邀请质检机构对采购的所有批次的××品牌地板进行复检；要求××品牌对相关质疑作出全面说明；约谈全集团所有涉及××品牌地板采购安装的员工了解情况。

在沟通现场，该房地产公司公布了涉及采购××品牌地板的所有项目名单，共涉及 16 个城市的 29 个项目。首批复检地板已于 2 月 17 日送往质检机构，预计最早于 2 月 27 日左右取得检验报告，后续批次的复检地板也将最晚于 3 月中旬取得检验报告。新闻发布会的最后，郁某代表集团向业主道歉，并表示集团一定会负责到底。

新闻发布会是否成功，评判标准有三：一是组织所公布的新闻资料，媒体是否采用，是否成为接下来媒体报道的主要信息源？二是第二天的新闻报道中，报道的角度是否相对客观，有没有对新闻发布会现场的细节安排提出批评？三是新闻发布会之后，舆论是否比较中立，事件是否逐渐平息？

在评判媒体报道事件时，我们通常可以采用搜索引擎或者舆情软件来监测媒体的关注情况。如果新闻发布会之后，媒体批评与网友关注度逐渐下降，正面的信息占主流，说明新闻发布会是有效的。

要打造一场出色的新闻发布会，有四个方面必须做到位：会场基调、内容发布、记者问答、会务安排。

会场基调：如果是涉及人命伤亡的发布会，不可出现喜庆色彩，会场不可以鼓掌或欢呼，领导致辞不可以使用"高兴"之类的措辞，更不可以谈论事件时面带微笑。

内容发布：新闻发布会现场的内容发布必须适合主调，不可以谈论太多跟主题无关的信息，更忌讳自吹自擂，大谈发家史，使发布会文不对题。

记者问答：主讲人介绍情况加上记者问答环节通常为半小时左右。召开发布会前必须准确预测记者问题，提前做好回应准备，现场的精彩回答可以大大提升发布会的有效性。

会务安排：新闻发布会是针对特定受邀媒体的信息沟通会，不在邀请目录的记者与人员通常不允许入场，以防节外生枝。

精心准备的新闻发布会往往包含着外人所看不到的细节打磨。细节打磨越到位，就越能给到场的记者留下深刻的印象。在危机新闻发布会上，如果问答环节控制不到位，则可能导致整场苦心经营的发布会毁于一旦。家具品牌达芬奇就是一个典型的案例。

2011年7月10日，中央电视台《每周质量报告》报道了关于企业质量造假的新闻，标题为"达芬奇的密码"，指责国内家居品牌的奢侈代表——达芬奇家具产品产地存在造假。

达芬奇进入中国十几年，一直扮演着家具品牌的王者角色。之所以能够卖出如此天价，是因为在达芬奇的自我宣传里，所有产品都是原装意大利进口。当时，由于达芬奇的宣传夸大，央视调查之后发现，有一部分产品是由东莞的本地厂商生产，贴牌达芬奇而已。

作为一个奢侈品级别的家具品牌，达芬奇的造假行为被央视曝光之后，引起了巨大的舆论漩涡。新闻曝光后的第二天，达芬奇立即在北京召开新闻发布会，同步向上海、广州、成都三地直播。面对危机爆发，达芬奇的反应符合"三度原则"：态度、速度、透明度。

可惜在新闻发布会上，达芬奇犯下了一些低级错误。

达芬奇的新闻发布会级别非常高，除董事长潘某亲自当主讲人之外，还请了达芬奇的 20 个"洋高管"坐在主席台之上。这种排场很少见，因为一般新闻发布会主席台上的列席人不超过三人。

发布会开始，潘某对事件的回应还是比较淡定从容的。突然，有一个黑衣男子闯进会场，现场高声指责潘某，称公司欺骗中国消费者。当时大量媒体记者的镜头纷纷对准这个男子，男子告诉现场的记者，他是一名东北籍的消费者，前不久花了一千万元买了达芬奇的产品，后来看到央视的《每周质量报告》，觉得自己被骗了，于是一气之下来到会场大闹。

男子大闹会场之后，潘某突然间变得情绪激动起来，开始声泪俱下地自诉"身世"，她不断重复着"华人""中国"这些概念，声明自己之所以将高档家具店开在中国大陆，正是出于"孝心"和"骄傲"。"我相信如果大家感觉到目前在全世界只要有中国人的地方，都为中国而感到骄傲，之前人家讲 Made in china 都看不起，但是今天整个市场都不一样了。"

而当有记者打断她，想直接就家具产地问题发问时，潘某怒气冲冲地挥舞着手臂，大声吼道："让我说完！我要说……"

"我也是有血有肉的人，请大家理解我最近的压力。"谈到她如何艰难时，她现场多次哽咽，她说自己从 1978 年创业以来，连陪孩子的时间都没有，"我是个非常有社会责任感的企业家"。潘某随后起身离开，媒体没有机会提任何问题，发布会草草收场。

因为新闻发布会的闹剧与失控，这次新闻发布会基本没有达到效果。第二天的媒体几乎都是现场闹剧居多，很少为达芬奇正名。网络负面舆论达到顶端，在多数消费者心中，达芬奇从此与"造假"脱不了干系，其产品销售接下来遭遇重创，某些门店销售额第二个月下降九成以上。

2014 年 12 月，北京首旅集团正式入股达芬奇家居，成为控股股东，潘某时代宣告结束。

按照之前的论述，成功的新闻发布会必须顾及会场基调、内容发布、记者问答、会务安排四个方面，达芬奇在诸多方面都做得不到位。

会场基调：危机新闻发布会，会场基调需要严肃，主讲人必须控制情绪，情绪失控则容易成为新闻媒体的焦点。

内容发布：整个新闻发布会，达芬奇都没有直面产地造假问题，而是大谈 CEO 的创业史以及个人的不容易。

记者问答：现场节奏失控，记者问答环节被逼取消。

会务安排：严肃的发布会从来只允许受邀记者出席，黑衣男子的忽然出现并打断发布会，说明会务安排存在漏洞。

在新闻发布会的四个环节中，记者最关心的通常就是第三个环节，即记者问答环节。可以说，如果记者问答环节安排妥当，甚至能精彩纷呈的话，那么整个新闻发布会基本大功告成。

记者问答环节又涉及四个方面：邀请记者、设定主题、预测问题、预防危机。

第一，邀请记者。重大危机的新闻发布会通常会邀请主流媒体参加。邀请时，可以把平时有一定联系的媒体作为优先选择。举个例子，比如达芬奇要邀请广州的媒体，如果达芬奇公司往日与《广州日报》或者《南方都市报》有更多的接触（包括广告合作），那么这两家媒体可能是优先邀请的对象。

如果对媒体完全陌生，邀请前最好先查阅该媒体的报道风格，如果多是抨击类，那么一般需要谨慎。这条原则同样适合邀请特定的记者。

第二，设定主题。新闻发布会需要有清晰的主题，避免现场的随意发挥。一旦记者提出了跟这个主题不相关的问题，偏离发布会主旨，主持人或者新闻发言人可以回避这个问题，或者直接打断记者的提问，这也是新闻发布会上的一个技巧。

第三，预测问题。要提前对记者可能提问的问题详细进行预测并拟好回答，这在新闻发布会上是非常关键的一点。企业公关部门或者政府宣传部门要对如何回应记者可能提出的问题进行打磨，写成书面的回答，让主讲人反复熟悉。

新闻发布会开始前，主讲人面前可以放着写好的口径。但在发布会开始时，主讲人最好不要把文稿拿起来读，这样显得太不熟悉内容，偶尔低头看看要点是可以的。

新闻发言人的心理素养一定要非常高，不能轻易被记者的问题所激怒，就算记者问了预测之外的一些问题，主讲人也可以坦诚地告诉记者，这个问题超出了自己的能力范围或专业范围，会后再来沟通。当主讲人态度很诚恳时，往往能得到记者的尊重。

第四，预防危机。发布会上总有节外生枝的情况，如记者问了一个具有挑衅性的问题，主讲人一时答不出来，那该怎么办？这里，我们可分两个层面来看。

第一个层面：如果你是新闻发言人，平时就要增加知识储备，提高新闻发言技巧。比如熟记接受采访的三个标准口径：态度、措施、承诺。这三个口径，我们在上一节内容中已经详细提及。

第二个层面：需要时可以调用危机预防的关键角色——主持人。大型的新闻发布会都有主持人，这个主持人会宣布发布会开始、结束，宣布由哪个记者开始提问，很多时候也是一位隐性的第二新闻发言人。

隐性发言人是什么意思？有时候记者提了一个特别尖锐的问题，主讲人被问倒了，不知所措。这时主持人就应该出来化解危机，比如可以告诉记者这个问题偏离了今天的主线，或者运用智慧，帮主讲人化解这个问题，当然是点到即止。

新闻发布会通常是半个小时，一旦时间到，主持人必须马上宣布结束。因为在新闻发布会上，问题越多，越难以招架。主持人一定要严格把控时间，按照流程时间规定，适时宣布结束。

如果时间到了，还不断有记者提问，主讲人/主持人可以告诉他们，今天时间有限，请记者用书面的方式向主办方请求答复，用书面的方式回复记者问题，风险相对较小。

在新闻发布会上，一些着装细节也需要注意。如果是涉及人命伤亡的新闻发布会，发言人着装一定要深色，整个过程不能有任何的微笑，手上佩戴的手表饰品不能过于夸张，如果是女士也不能佩戴太过鲜艳的饰品。

如果发布会过程中能够创造一些正面的亮点，则会给后续报道大大加分。

2004 年 11 月 30 日，创维的董事长、创始人黄某在香港被廉政公署拘捕，罪名是挪用上市公司款项罪，后来入狱判刑五年。这种新闻对于国内这家民营企业来讲是一场重大危机，因为很多人会觉得一旦董事长被捕，就意味着这个公司将风雨飘摇，管理层很难团结，甚至会起内讧。

12 月 1 日，创维立马召开新闻发布会，做了非常好的一个流程安排：设定主题—邀请记者—预测问题—预防危机。新闻发布会快结束时，创维八名董事齐齐起立，手挽手，表情非常诚恳地走到在场的记者面前，向他们一鞠躬。这个无声的动作传递了一个非常强烈的信息：创维是一家众志成城的公司，恳请记者多支持。接下来许多媒体报道时用的都是这张新闻图片，并用了非常正面的标题进行报道——"创维集团董事们手挽手，众志成城"。

在新闻发布会上，好的细节会成为亮点。

第14讲

危机善后恢复：重建公众信任

·················

　　有一天，你在我背后开了一枪，我依然相信，那只不过是枪走火罢了。

危机发生之后信任断裂，我们如何重建信任？在危机管理推进中，获取他者的信任始终是最高的指向。道歉也好，赔偿也好，重建流程也好，所谓的一切的手段，最后都是重建外部受众、当事人、网友对组织的信任。

危机发生之后，将重点放在灭火之上，这是狭隘的思路。把火扑灭，把当事人的怒火在一段时间内压下去，并不代表火种完全消失，更不代表公众对组织的不满即刻烟消云散。从危机处理的完整性来看，善后的恢复代表信任的重建，是危机处理非常重要的一个模块。

达美乐是美国规模第二大的主营比萨的食品公司。2009 年 6 月，在达美乐水牛城一家分店，有两名黑人员工上班迟到被经理批评，这两名员工出于对上司的不满，为了发泄自己的情绪，在烤制比萨时，在厨房里开玩笑打闹，互扔食物，用脏手直接拿准备送出去的比萨，而且两人还拿出手机把整个过程拍录下来，并放到美国最大的视频网站 You-Tube 上。

当晚，这段视频获得数百万点击量，达美乐公司迅速成为舆论的焦点。铺天盖地的舆论指责与压力蜂拥而至，达美乐的股价迅速受到影响。

在企业危机事件中，此类涉及食品安全的事件最具负面冲击力，也会对企业造成极大的损失。按照常规的危机处理，达美乐首先遵循最基本的三度原则——态度、速度、透明度进行处理。比如 CEO 道歉，对两名涉事的员工采取法律的手段，给予受影响客户高额的赔偿。在危机发生的第一时间内，达美乐以上三方面都做了。但除此之外，达美乐深知，在发生重大危机之后，要获得公众信任，仅仅从哪里跌倒就从哪里爬起来是不可能的。要做到既疏导公众的情绪，又让其重新相信企业，这需要一些特别的做法。

危机管理，既要按部就班，有时也要剑走偏锋，出其不意。

此事发生后，许多网友通过社交媒体责骂达美乐在食品安全监管上没有做到位，简单一纸道歉声明根本无法抑止舆论的怒火，并且社交媒体的管道太多，一家企业的公关力量有限，更无法覆盖所有。于是，达美乐做了一件令人意想不到的事情：让公众的怒火发泄得更加名正言顺，公司把纽约时代广场上的户外大屏幕租了下来，开通了一个信息的端口，告知全美国的消费者，如果对达美乐有任何的不满，都可以通过这个端口，把批评直接发出来，端口会把消费者批评的话语原封不动地在时代广场的大屏幕上播放。

第二天，纽约时代广场的巨幕上播放着各种对达美乐比萨的批评："不要再去达美乐了，他们的厨房就是斗兽场，你会吃到罗马人！""这家餐厅难吃死了，闻起来有股我奶奶头巾的味道。"

对于舆论的批评，绝大多数公司的态度多是虚与委蛇，采取掩盖态度。而像达美乐这种登高而呼，号召消费者主动向其开炮的做法，几乎见所未见。

达美乐开通这个公开接受批评的端口，当天几十万人送上批评或责骂达美乐的信息。达美乐没有进行任何的过滤，只要不触及法律和最基本的伦理法则，全部都会在时代广场的大屏幕上显示。当天，美国的新闻头条就变成了一场围观达美乐的新闻报道。许多报道持一种赞赏的角度，认为达美乐这家深陷危机漩涡的公司心胸坦荡，花巨资买了广告位让消费者骂得更顺畅，这在美国的历史上绝无仅有。

达美乐的这种做法，即使放在全球公司的危机处理上，几乎也是从未有过。

第二天，同样有数十万人登录达美乐提供的端口发送信息，但这时，舆论的焦点开始分化。一半人依然批评达美乐，另一半人则借助这个端口与平台，发送对家人的祝福——这是一个难得的机会，能够让自己的祝福或者想表达的话语在全世界颇有影响力的平台上展现出来。

这一次又吸引了美国媒体的好奇与追踪报道，达美乐获得了巨大的舆论关注度。

到了第三天，更让人想象不到的情况发生了。许多人向达美乐表示感谢，感谢给他们一个向全世界说出自己心声的机会。几十万条大屏幕的信息，大部分都是感谢达美乐的话，小部分的批评声音在这一刻被淹没了。

大屏幕上那些充满想象力的评论渐渐逗笑了观众，一场危机最终居然演变成了一场比拼批评达美乐的营销活动。达美乐趁热打铁地在当天宣布其"比萨变形"计划：专门开辟数据通道，收集顾客意见，邀请专业人士和用户来评论比萨的不足之处，并让他们提出改善的建议。同时，大力邀请消费者通过手机应用来参与比萨创作流程，誓言要研发"更好吃的新品比萨"。

在课堂上讲授危机管理时，每次提及达美乐这个危机处理的方法，我都有一种惊艳的感觉。这是一种胸怀，一种面对舆论重压，置之死地而后生的信任重建。以真正透明化的管理，绝对坦诚的勇气，无条件接受批评的态度，让公众看到达美乐是一家绝对值得信任的企业。置之死地而后生，是达美乐在危机善后所作的重要决策。

接着，达美乐宣布全面升级科技系统，强化食品安全监测管理。在透明化的厨房安装了摄像头，允许客户在网上下单订购达美乐比萨时登录端口，完整看到比萨的制作过程。随后，达美乐宣布与机器人制造公司合作，宣布推出行业第一个全自动的送餐机器人。

这个机器人有自动导航、自动避开障碍物的功能，它的"肚子"是一个保温箱。烤好比萨，服务员就会把食物放进这个机器人的"肚子"里。按下目的地按键后，这个机器人就会按照指定的路线走向消费者家里，消费者可以通过 App 看到这份比萨行进的全过程。达美乐宣布，未来他们将会在食品安全上投入更多科技的力量。

从推出送餐机器人开始，达美乐给媒体制造了足够的噱头，也吊足了公众的胃口，公司受到了前所未有的关注，不但股价由此上涨 40%，销量也在当年的第一季度获得了两位数的增长。

信任的重建没有尽头，只有不断精益求精。与达美乐重建信任的创新做法一样，美国医药巨头强生在面对品牌信誉受重创时，也是作出了大手笔的重要决策。

20 世纪 80 年代，美国曾经发生过一件轰动全美的事情。一名犯罪分子为了要挟强生，在 8 瓶泰诺感冒药瓶子里注射了氰化钾，并把含有氰化钾的感冒药混到药店里正常销售的感冒药药柜中去，要挟强生董事会给他一百万美元，否则后果自负。

强生一方面跟犯罪分子周旋，另一方面偷偷地报警。媒体记者知晓此事后，还未等警方破案，就报道了此事——含毒的泰诺感冒药自此流入市场，8 名无辜的美国人服用后，不幸中毒身亡。

虽然犯罪分子很快被警方抓获归案，但媒体报道此事后，给强生带来了巨大的压力。这次被污染的产品只有 8 瓶，而强生每年卖往美国市场的产品有一亿瓶，除了已经出事的 8 瓶产品外，余下的产品都是安全的，即使如此，市场信心仍旧不稳。为了重建市场信任，强生董事会作出了一个艰难的决定——把市场上的一亿瓶泰诺全部回收并且销毁。

强生这种以消费信心为重的决策赢得了全美的信任，赢得了美国政府的赞可。一年后，强生推出了新的泰诺，改变了包装，用强化的铝作为外壳，有效保护了产品的安全。推出新产品不到一年，它重新回到美国感冒药老大的位置上。

危机的善后既要有常规的套路，有时也要出其不意，超越期望。在市场营销中，对"口碑"一词是这样描述的——把事情做过头。

放在危机处理之中，这样的道理也是成立的。出现危机之后，在与消费者沟通处理时，有时候要把善后的一些事情做过头——不仅是让消费者满意，还让消费者感动。消费者一旦感动，他们的信任又会重新回来了。

在危机处理中，出其不意，超越期望，是非常重要的。

2012 年 6 月 29 日，海航集团天津航空公司 GS7554 机组执行新疆和田到乌鲁木齐的飞行任务时，遭遇 6 名歹徒暴力劫机。危急时刻，机组人员在旅客的协助下，与歹徒展开殊死搏斗，最后成功制服歹徒，2 名安全员、2 名乘务员光荣负伤。飞行人员沉着冷静、妥善应对，驾驶飞机安全返航，将歹徒移交公安机关，避免了一起劫机乃至机毁人亡的重大事件的发生。

劫机事件很快成为全国媒体的焦点，虽然是犯罪分子的恶意行为，但还是对海航的形象带来了负面影响。两天之后，海航集团宣布授予英雄机组全体成员"海航功勋员工"勋章，并给予安全员杜岳峰、徐洋，乘务长郭佳各现金 100 万元、房产一套（价值 300 万元）、奥迪车一辆的奖励，给予英雄机组其他成员各现金 50 万元、房产一套（价值 200 万元）、奥迪车一辆的奖励，海航集团还对天津航空全体干部员工给予了奖励。

更吸引媒体报道的是，海航宣布当天每一名参与制服歹徒的乘客，无论是以什么方式参与，都可以获得终身免费乘坐海航航班的资格。海航刚受挟持的时候，很多网络的评论写道："哇！幸好我没坐海航。"海航对有功旅客的重大奖励决定出来之后，很多人都调侃地说："哇！当天要是我坐海航就好了。"因为海航给乘客最后的奖励超乎很多人的想象，如终身免费乘搭海航，可飞往全球任何地方。

发生重大的公共安全事件后，责任方如果希望在短时间内重建信任，扭转形象，决策就一定要出其不意，超越期望，不是把事情做到让人满意，而是做到让所有人惊喜、意想不到甚至感动。所谓的超越期望，就是把事情做过头。

所有的危机表面上是在处理事情，最终都是在处理人的情绪，消除愤怒与不满，最终重建信任。

第15讲

危机伦理：危机的时间轴

· · · · · · · · · · · · ·

世人大都寻求快的技巧，高手却在苦练慢的心性。

2021 年 4 月 19 日，在一年一度的上海车展上，一位维权车主忽然从人群中蹿出，站在特斯拉车顶。她情绪激动，大喊"刹车失灵"，并张开双臂展示 T 恤衫上的文字——刹车失灵。

该名车主当天被上海警方以扰乱公共秩序罪拘留五天。

当晚，特斯拉发表措辞强硬的声明，指责车主多次无理取闹，索要巨额赔偿。

4 月 20 日，新华社、中央广播电视台、《人民日报》三大党的最高官媒评论此事件时，称每一家汽车公司都必须尊重消费者的诉求，切莫无谓强硬与冷漠应对，均对特斯拉进行批评。

4 月 21 日，特斯拉一反之前的强硬态度，再次发表声明，措辞恳切，以认错的态度表示会配合政府部门妥善处理此事。

一周时间内，特斯拉维权事件每天都是媒体聚焦的核心。

根据危机传播的经典理论，危机传播力 = 事件典型性 + 情绪效应 + 重复提及率。危机事件如果被聚焦的时间太长，涉事的企业与责任主体通常会蒙受更大的损失与舆论压力。

汽车作为一种高精密的机械与电子产品，出现某种情况的机械或电子故障是必然之事。上海车展数百家汽车品牌，为何唯独特斯拉出现维权事件？根据危机管理的理论，企业发生危机的频率与知名度及用户数量成正比。在中国市场飞速发展的特斯拉，随着用户数量不断增加，危机投诉的概率必然同样上升。临界点不断在逼近，车展发生维权事件不是突发，而是应该视为偶然中的必然。

危机的决策，一方面是根据舆论情况而定，另一方面是根据时间轴而定。传统危机处理理论就是"快速反应"，这是扑灭危机之火的常规之举。但是，考察许多重大的危机事件发生与熄灭的脉络后会发现，一味求快而忽略时间轴在危机中的发酵作用，这是一种重大的失误。

没有快速反应是危险的，一味求快却是致命的。

危机发生的几小时内，敌对的情绪会达至最高点，信任的链条摇摇欲坠。**在强烈的怀疑氛围中，危机责任方大声疾呼常常被视为托词辩解，真诚解释会被认为是虚假陈述，真相之石常被情绪之锤重击破碎。**

在狂躁的舆论场中，真相离我们很远，情绪离我们很近。信任重建需要过程，情绪疏导需要时间，一味求快犹如饮鸩止渴，最终结果适得其反。

理解一个人，有时要靠感情，有时要靠时间。时间轴是人生属性的一部分，把时间性剥离，爱情就失去传奇，悲伤就显得空洞。处理危机事件时，如果没能很好地理解时间轴对情绪、记忆与遗忘的意义，危机就很难完全平息。

德国心理学家艾宾浩斯对人的遗忘现象进行了系统的研究，他用无意义的音节作为记忆的材料，把实验数据绘制成一条曲线，称为艾宾浩斯遗忘曲线。曲线表明了遗忘的一条规律：人的大脑会有选择性地记忆。事件的记忆量在 24 小时后只剩下 33.7%。但是，如果事件激发了公众的强烈情绪反应，在一段时间内不断被媒体提起，那么大众对事件的记忆就非常清晰，这意味着危机加重。

艾宾浩斯遗忘曲线的时间间隔与记忆量

时间间隔	记忆量
刚记完	100%
20 分钟后	58.2%
1 小时后	44.2%
8~9 小时后	35.8%
1 天后	33.7%
2 天后	27.8%
6 天后	25.4%

按照危机传播力公式，危机的影响是事件典型性、情绪效应和重复提及率的总和。如果没有引发强烈的情绪共鸣与新的话题制造，一次单纯的维权事件在 24 小时后，影响力只剩下 33.7%，随着时间的推移，影响力继续变小。特别是在某个新的危机话题出现之后，旧的危机话题更快速地被淡忘。

从危机反应本身来说，快速反应通常是控制危机之火的关键。但是快速反应之余，不能造成对公众情绪的刺激，不给媒体制造再次关注的热点。

特斯拉在处理女车主维权事件时，先强硬后服软，先拒不道歉后表示会负责到底，车主先拘留后释放，行车数据一开始拒不提供后又公开于众……一周时间，特斯拉几乎每天都给媒体制造新的舆论热点，一次次把媒体的兴奋度拉升再拉升。

媒体聚焦时间越长，危机影响越大。

从危机决策的角度来说，特斯拉对上述维权事件的处理属于"决策躁狂"，即希望在最短的时间内用快速、强力的手段熄灭危机。当忽视时间属性在危机处理中的作用时，处理的结果往往不尽如人意：越挑动媒体兴奋点的行为，越让事件无法平息。

在进化论中，人有一种对困境的天然自我调适的能力。一个忽然遭遇意外导致残疾的人，在事件刚发生时会无法接受现状，但三个月后其心理会自动趋向平衡，调适能力促进了人对既定困境的积极接受。从积极心理角度来说，当你面临短时间内无法摆脱的痛苦时，这时要做的就是保持足够的淡定与忍受力，进化的本能最终会把人带离困境。

万物来去都有其时间轴，有时只是身处压力下的危机决策者看不清其中的规律。

为了避免真相越辩越黑，我们在危机管理中必须引入时间轴，在危机萌芽、升起、高潮及消退阶段，充分理解时间的意义与作用，在疏导情绪与澄清事实上快慢结合，用快来控制，用慢来重建。

引入时间轴之后，特斯拉就会明白处理危机时要分开两条线：事件与情绪。事件的处理可以快速，情绪的疏导需要过程。

当危机事件以非常具有关注度的方式发生时，比如大闹展会、在新春等关键时间节点发生、维权者身份特殊，为了避免公众过度关注以及引发群体情绪效应，责任主体处理事件时必须雷厉风行、果断大度，切割事件的时间轴，让其在两次舆论爆发前开始热度消退。这时先究对错，再定行动，就是一种错误的危机决策。

女车主在上海车展维权之事，全国媒体非常关注，特斯拉最佳的危机决策应该是快慢结合——迎合舆论要快，澄清事实要慢。

任何危机对抗，公众舆论天然倾向于站在弱者一方，同情个体。这种心理倾向与对错无关，只与孟子所指"恻隐之心，人皆有之"有关，这是进化赋予人类的一种特质。所以，当重大危机爆发时，作出迎合公众期许方向的决策就是阻止事件继续发酵、消除公众敌对情绪的正确之举。

根据以上的决策逻辑，在女车主大闹车展之后，舆论敌对之火漫天而来，特斯拉的决策首先须快，以迎合舆论为首要决策。公众与媒体认为企业必然会自辩并与维权者进行持久的拉锯战，舆论看热闹的心理无比高涨，特斯拉这时如果以"以退为进"为策略，不仅不竭力自辩，反而无条件马上为当事人退换，探望维权者，展开再次会谈等，这种大度的处理方式会让媒体失去高涨的关注度。

在关注度最高的 24 小时内，特斯拉可以用罕见的方式保持沉默，不必给媒体制造再次报道的素材，以行为来反映态度。24 小时后，如果沟通妥当，特斯拉可以发布简要声明表示事件已了结，但不必公开协商细节。如果协商未成，只简约声明协商仍在推进即可。

在信息总是被过度解读的当下，在公众负面情绪严重的氛围下，危机声明最好能以最简要的方式陈述事件，不带入任何可能激化敌对情绪反应的表达。**处理危机的指向就是把责任主体以最快速度带离舆论的聚光灯，避免被公众的情绪严刑拷打。**

危机决策的慢，通常指向事实澄清与信任重建。在维权事件发生之后，特斯拉并不需要急于表明车辆的安全性，因被人指责而着急自辩通常是缺乏信心的表现，庞大的用户选择本身就是一种品质可靠的侧证。事实的澄清要显得有说服力，论证程序、他者证明、呈现方式的恰当缺一不可。真相不会缺席，有时只是姗姗来迟。**那些在大众误解中保持最大克制，依然以淡定方式履行责任的企业，最终社会会给予另一种方式的补偿——赞赏的眼光会投向那些最大度的忍辱负重者。**

只可惜这个时代，每个人都活得很焦躁。

在危机处理中，我们要注意一种特殊的现象，叫作"斯德哥尔摩综合征"。

1973 年 8 月 23 日，两名有前科的男性罪犯抢劫瑞典首都斯德哥尔摩市的一家银行，并挟持了四位银行职员，在警方与劫匪僵持了 130 个小时之后，劫匪放弃抵抗被捕。

然而这起事件发生几个月后，这四名遭受挟持的银行女性职员对绑架她们的人显露出怜悯的情感，不仅拒绝在法院指控这些劫匪，反而表达出对劫匪没有伤害她们的感激，并对警察采取敌对态度。更甚者，人质中一名女职员竟然还爱上其中一名劫匪，并与他在服刑期间订婚。

这两名劫匪劫持人质达六天之久，在这期间他们威胁人质的性命，但有时也表现出仁慈的一面。在紧张的心理压力下与相对密闭的空间中，人质的心理出人意料地转变，这种特殊的心理反应被研究学者称为"斯德哥尔摩症候群"。

根据进化心理学的解释，新生婴儿会与最靠近的成人形成一种情绪依附，此综合征可能是由此发展而来。斯德哥尔摩综合征是角色认同防卫机制的重要范例。

在某些无法短时间内解决完毕的危机事件中，责任方最佳的选择就是尽最大努力善待对抗方，开始不一定会获得对方理解，但持续一定时间，对抗方的心理就会慢慢转变。

几年前，在四川某镇的镇长办公室，我见到一位 70 岁左右的老太太，跟王镇长相对而坐，在安安静静地阅读报纸。我以为老人是退休干部，不料王镇长告诉我，老太太曾是一名离退语文教师，现在因为拆迁成为一名老上访户，三年来天天来办公室坐着。

老太太所在的村子土地被政府整体征收，政府也下发了统一标准的赔偿金，除了老太太，其他所有村民都接受并签了协议。老太太提出了更高的赔偿要求，理由是她是寡独老人，无儿无女，政府应该多照顾。

作为一镇之长，王镇长并没有提高赔偿金标准的权限。王镇长很苦恼，向老太太解释，老太太不听。王镇长写了报告往上递交，但迟迟收不到上级批复。老太太罩上此事后，隔三岔五就来镇政府上访，保安曾经强硬地将老太太拒之门外，不料事情越闹越僵。后来，王镇长改变了做法，把老太太请进来，很有耐心地跟她讲解政策以及上级一直未批复诉求一事。王镇长还告诉老太太，她可以随时来找自己，只要安静守纪律，不影响其他工作人员办公就可以了。

此后三年，老太太就如在镇政府上班一样，隔三岔五在镇长办公室出现。王镇长腾出一个小空间给老太太坐着，办公室开会时，她就离开。无聊时，她就独自看报纸。两人不仅相处和谐，还互相体谅。再后来，老太太还养成每天读《人民日报》社论的习惯，她朗读时字正腔圆，表情丰富。镇长作了一个决定，从此每天正式上班前，固定请老太太诵读十分钟《人民日报》的最新社论——媒体报道此事后，王镇长和老太太都成为和谐化解基层矛盾对抗的最好典范。

在中国基层的矛盾对抗中，许多管理者处理的方式就是一味求快，因为快跟业绩与任务完成有关，但恰恰是这种不讲究因果与后果的快，导致许多对抗更严重，危机升级。

快与慢是时间轴上的两端，解决简单的是非事件可以用速度，解决复杂的情绪问题则需要耐心与韧性。对于长期对峙的双方来说，问题不一定有解决的方法与答案，只要一方出于爱与慈悲，僵持的关系就会慢慢改变。**手段或能改变结果，发心却能改变因果。**

世人大都寻求快的技巧，高手却在苦练慢的心性。

第16讲

从危到机

敌人跟朋友，都不是永恒的。

假如你是一名开发商，在城市商业体开发过程中遇到一个拼死与你对抗的钉子户，你提高赔偿金，对方却不在乎钱。你提供一套全新的房子，对方却称只喜欢住在旧的房子中。随着时间的流逝，你的工期只能不断推后，违约金的风险也在不断提高，危机的压力让你烦恼不已。这时，你该怎么办？

美国西雅图的城市开发公司就遇到了这位叫梅斯菲尔德的老人。

梅斯菲尔德于 1921 年出生在俄勒冈州，1966 年为了照顾年老的母亲，搬进了西雅图巴拉德西北 46 街一个两层楼的小房子。这栋房子建于 1900 年，只有 90 多平方米。

2006 年，梅斯菲尔德 83 岁时，这座房子开始成为"钉子"——有开发商想在这块区域建一个五层的商用大厦，但梅斯菲尔德拒绝搬走。

当时随着城市改造，梅斯菲尔德的房子不远处有辆垃圾压缩车，总是发出"轰隆隆"的噪声，同时该地段又是一个交通事故多发地，周围的邻居都已陆续搬走，老太太在那里不仅没有一个真正的邻居，也没有一个家人。然而，梅斯菲尔德说："我经历过第二次世界大战，噪声对我来说没啥。我今年 83 岁了，我在这里很开心，我哪也不去。"

根据政府评估机构的测算，梅斯菲尔德破旧不堪的房子只值 8 000 美元，其所在的地皮也差不多只值 10 万美元。然而，开发商几次提高报价，最后提到 100 万美元，老太太还是不肯搬。

按照她的说法："我不关心钱。人老了，那么多的钱对我有什么用？"

梅斯菲尔德的固执让媒体找到了兴奋的新闻点，纷纷嘲笑开发商遇到"老年危机"。

对于梅斯菲尔德的固执，开发商不仅没有强硬对待，反而派出工程项目主管巴里·马丁去了解老太太的生活与内心，看看这位老太太为何如此固执。

52 岁的马丁来到小屋拜访老太太，了解到这位年迈老人固执对抗的原因：这幢房子里有着她对父母和孩子的全部记忆。老太太早年丧夫，儿子 13 岁时也死于脑膜炎，去世时孩子就住在这里，孩子的房间依然被她原封不动地保留着。老太太的父母生前所用的物品，大部分也被保留下来。对于孤独的梅斯菲尔德来说，这幢老房子就是她最大的情感安慰。

梅斯菲尔德对马丁说："我已经老到快走不动了，最大的希望就在自己家里告别人世，就在母亲当年离世的同一个房间、同一个沙发上，这样就可以更早见到我的父母和孩子。"

被深深打动的马丁决定把看到、听到的一切上报公司，管理层指示马丁多关心老人，工程的事先放一边。从那之后，马丁每隔几天就过来看望老人，给她准备午饭、修理家里物品，开车载老人去医院看医生，还给她换了新的假牙，像亲儿子一样关心她。

2007 年春天，梅斯菲尔德被诊断出癌症晚期。同年 6 月，她在家里去世——老人在遗嘱里把房子送给了马丁，以感谢他在自己生命最后一段时间的陪伴和照顾。

马丁所在房地产公司的 CEO 听说了这个故事，指示设计师修改图纸，围绕着老太太的小木屋，建起一座特别的凹字形五层商业大楼，起名叫"信念广场"。

两年后，动画片《飞屋环游记》刚好在北美上映，梅斯菲尔德的房子更加出名——影片的内容和梅斯菲尔德老太太的经历有些相似。影片制作方迪士尼公司还在老太太的房屋顶上系上了五颜六色的气球，如同影片的海报一样充满童趣，向老太太致敬。

曾经让开发商备受舆论嘲笑的钉子房，现在成了许多美国人信仰的一种标识。在这基础上建立的信念广场，不仅给开发商带来了诸多正面的关注度，也大大推动了其商业销售。

让危变成机，有时要靠技巧，有时要靠时间，有时要靠慈悲。

作为危机管理的研究者，这十年来我对危机的认识就是：这个世界不是讲道理的，而是讲道义的。**危机处理要以法为准绳，以事实为依据，但这两者必须建构在以人为本的伦理价值观上：没有尊重，事实就失去信任；没有关怀，法律就失去民心。**

把危机发生放在宇宙这个宏大的面来考量时，你会发现，一切危机的发生与消失都有它的时间。刻意去寻找的东西往往找不到，刻意回避的事情往往回避不了，万物的来去都有它的时间。

　　危机的决策者应该保持对世界的觉察性，从和谐中觉察杂音，从完满中觉察危险，在人为能作用的范围内尽力化解，剩余的便交给时间。危机中的"刻意"行为，有时会起反作用。

　　我们要习惯用动态的眼光来看待这种特定时空下的对抗与信任的断裂。

　　一切都在流转，一切都在循环。只要成长，就会衰老。只要流动，就会枯竭。只要行走，就会出现阴影。这就是危机的哲学思想基础。

　　"危"跟"机"，在中文里面是两个意思完全相反的词。从词汇本身去审读"危机"，给人的第一感觉就是危机等同于危险，很多人会把危机理解为危险或者破坏，这其实是不准确的。危机的本意中更包含了辩证的统一："危"中包含"机"，"机"中包含"危"。

　　今天你的公司快速发展，规模迅速扩大，消费者、用户对你一片好评。一方面，你应该为自己的成绩感到高兴。另一方面，你也要隐隐地担忧，因为机会中包含着危险——企业危机发生的概率跟知名度成正比。

　　当一个企业很少被投诉，我们基本上可以有这样一个断定：这个企业的知名度不高、规模不大。处于人生上升阶段时，妒忌的人、中伤的人、敌对的人一定会增多，这就是危机发生的普遍规律。

　　俗话称：没事别惹事，有事不怕事。这不只是一句老掉牙的民间俗语，而是充满大智慧的危机防范处理原则：当管理者处于管理岗位时，要严守职责，把所有的细节做好，比如不偷工减料、不违背法律，这就是"没事别惹事"。一个敬畏规则、敬畏因果、敬畏规律的人，是离危机最远的。

　　"有事不怕事"就是：一旦最坏的事发生，你必须有勇气面对一切，不逃避、不推诿，有信心力挽狂澜。

　　危机指的不是一个事件或者一次意外，而是一种决断情景的失误。对危险逼近缺乏预见力，是引发危机的根源之一。危险发生之后，把握关键决策点，是转化危机的重点。

　　索罗斯说："重要的不是作出正确判断的频度，而是作出正确判断的量级。"巴菲特说："自己一生做对的决定不超过十次。"危机管理决策的思维同样如此：具备量级方向的决断必须正确，方法的决断相对次要。

危机处理表面是在处理事，其实是在理解人——站在人性的角度理解危机，你就明白了人的诉求。只要欲望存在，对抗就不会停止。反过来理解，利用好人的欲望，你就能够利用好人。

处理危机需要耐心、信心与慈悲心。

对未来越有信心的人，对当下越有耐心与慈悲心，他们在处理危机时就越有可能把危转化为机。

澳大利亚豪华酒店 A 酒店的宴会部曾收到一笔订单，某公司要预定 20 桌餐饮，一桌的预算将近 400 美元，这是这家公司的年终宴会。

收到订金之后，A 酒店马上进行准备。可是在宴会开始的两天前，酒店又收到了对方公司的电话，因为安排变化，宴会不办了，要求酒店把原先的订金全部退回。

对于 A 酒店来说，这是绝对不可以接受的。因为成本已经付出，而且合同约定一方毁约，必须承担责任。所以，酒店毫不犹豫地回绝了。不料对方公司语带威胁地说，如果不退订金，那么这 20 桌宴席他们就要用于做善事，把这两百个餐饮的名额送给城市的流浪汉，并准备邀请记者来见证这一刻。

这种恶意对抗的情况，我们时常可以见到。因为谈判失败或生意纠纷，一方向另一方施加某种恶意行为，但这种恶意对抗的行为从法律的角度来看不一定违法。如同 A 酒店在此事中的犯难：法律并没有规定流浪汉不能进入五星级酒店。

摆在 A 酒店总经理面前的选择只有两种：对话或者对抗，沟通和解或者在法庭一见高低。按照危机扩散规律，即使你在法律上具有绝对的优势，选择用对抗的方式去处理依然存在风险。因为对抗只会带来危机升级，甚至带来彼此的损失，所以对话才是解决矛盾的基本。我们不应该把对话理解为示弱，真正有效的危机处理是双赢，而不是零和博弈。

危机冲突处理有一个理论叫"幸福让"。当对抗尖锐时，幸福感强烈的人必须为他人优先让步。这无关道德，只关机会成本。

　　对于对方要把这 20 桌宴席用于款待流浪汉的要挟式做法，A 酒店最终下了一个大胆但又非常有智慧的决定：配合对方做慈善，让本次可能带来负面的聚餐变成正能量的传播。

　　总经理要求宴会部在原先价格的基础上，再免费额外提供多一些菜品，并要求礼宾部买来数百套整洁的衣服，给这些流浪汉提供免费盥洗。

　　当天，A 酒店总经理亲自来到宴席现场，与出席宴会的流浪汉见面，并祝福他们。不少穿着整洁衣服的流浪汉在用餐时都饱含热泪。许多流浪汉告诉前来报道的记者，这是他们一生中最有尊严、最快乐的一夜。

　　原先准备来看热闹的媒体记者完全没有想到，意想中的混乱场面不仅没有发生，反而是一片和谐与温馨。许多媒体最后使用的大照片都是流浪汉满怀感动用餐的场面。

　　这次事件之后，A 酒店成为澳大利亚人心中最具人文关怀的温情酒店。

　　在这次事件中，我们看到了人性的温暖。从危到机的过程，不仅是利益的修补，不仅是对话链条的重新建立，更是置之死地而后生、大勇大智的一场战役。

　　要做到转危为机，心态与价值观很重要。比如看待危与机、敌与我不能绝对化。

　　什么叫绝对化？你把敌人视为永远的敌人，就是绝对化。一切都在变动之中，在环境中变动的一切，彼此的位置与关系都是在变动的。

　　离开了二元分别心，放弃用固定的眼光来看待动态世界的思路，一切就豁然开朗了。

　　日本著名作家三岛由纪夫在《萨德侯爵夫人》一书中写道：

　　你们看见玫瑰，就说美丽，看见蛇，就说恶心。你们不知道，这个世界，玫瑰和蛇本是亲密的朋友，到了夜晚，它们互相转化，蛇面颊鲜红，玫瑰鳞片闪闪。你们看见兔子说可爱，看见狮子说可怕。你们不知道，暴风雨之夜，它们是如何流血，如何相爱。

三岛由纪夫的这段话讲述了一个最基本的道理。敌人跟朋友不是永恒的，他们时时刻刻都在互换位置。敌人中有一部分是朋友，坏中有好，好坏不是两端，而是一体的。一件事件发生时，危险和机会同时到来。

在危机处理过程中，我们要习惯用更宏大的眼光去看待，用更广阔的视野去观察，就能看出很多事件背后包含着转换的因果。

央视纪录片《舌尖上的中国》中有一集的主题叫"转化的奥秘"，讲述的是中国的酿造工艺。

中国有一个小县城专门做豆腐。豆腐做出来之后，要在空气中晾晒一个星期。大自然的力量让一个本来是 A 的东西，最后转换成 B，再转换成 C，非常普通的豆子最后变成了非凡的美味。

这种转换的因果关系跟本讲内容具有非常类似的内在含义：一切都在流动，一切都在变化。

从危到机，不仅关乎智慧，更关乎勇气——亡羊补牢的勇气、承认过错的勇气、接受批评的勇气、立刻整改的勇气、含泪前行的勇气甚至是人生推翻重来的勇气。

智慧是危机处理的导向，勇气是危机处理的基础——勇气指的并不是无所畏惧，而是明白除了畏惧以外有更重要的事。

希望我们都能成为有勇气的人，无论是面对危机，还是面对人生的其他挑战。

重大危机发生时，如果能够用技巧处理的，就用技巧处理。如果不能用技巧处理的，那就用勇气去接纳并重构它。如果勇气也暂时不能处理，那就交给时间吧。

摇滚乐手约翰·列侬曾唱道："一切事情最后都会变好的。如果没有变好，那就是还没到最后。"

如果你今天正在事业高峰上奋斗，请记住这句话。如果你今天正在爱情长路上跋涉，请记住这句话。如果你今天正跟危机苦苦搏斗，身陷舆论的重压，甚至还看不到曙光，也请记住这句话。

第17讲

危机中的心理干预

安住在爱的伤痛中。

传递爱的希望

2022 年 3 月 21 日 14 时 38 分，一架东航波音 737-800 客机在广西壮族自治区梧州市藤县埌南镇莫埌村神塘表附近的山林坠毁，21 日 16 时，民航局发文确认该飞机坠毁。

3 月 26 日晚，"3·21"东航 MU5735 航空器飞行事故国家应急处置指挥部现场副总指挥、民航局副局长胡振江在发布会上说，"3·21"东航 MU5735 航班机上的 123 名乘客和 9 名机组人员已全部遇难。发布会现场，全体起立为机上遇难人员默哀。

在所有突发的重大公共危机事件中，空难的负面冲击力无疑是最大的。灾难发生后，当事人家属的心理健康成为事件危机处理中需要被优先关注的重要议题。受事故影响者、家属以及相关人员过度悲伤、恐惧会引起精神的紊乱，甚至情绪失控，这在医学上叫作"急性应激障碍"。这需要社会紧急介入进行心理救助，避免造成重大公共危机之外的衍生危机。

在灾难刚发生的一个月内，遇难者家属的负面情绪最为激烈，表现为强烈的焦虑、极度的悲伤绝望、持久的痛苦、反复的内疚和愤怒。很快，各种身体问题如发抖、抽筋、失眠、呼吸困难、恶心、肌肉痛、反胃、拉肚子等接连出现。

意外的公共危机会使许多人的家庭发生重大变故，很多家庭变成失独家庭，如一些孩子失去父母，一些年轻人失去伴侣。在巨大的打击下，有些人的精神系统会紊乱，严重的会出现神志不清、淡漠等症状，如何帮助他们度过人生的至暗时刻，避免出现次生危机，是危机拯救中最重要的部分之一。

2014 年马航 MH370 失踪之后，中国政府与马来西亚政府联合派出心理辅助组，一些国际心理咨询机构也积极协助，派出经验丰富的心理疏导义工，对 MH370 家属进行心理危机干预，协助他们度过人生中最艰难的时刻，并取得卓越成效。

面对哭诉的家属，MH370 的心理辅导义工始终用半跪的姿态工作，以保持与坐着的他们目光平视，并轻抚后背以"肤慰"他们的心灵。

"肤慰"是心理疏导语汇，不同于言语的"抚慰"，肤慰指的是同性别之间有身体接触的安慰。这种肤慰可以是拥抱、握手和轻抚对方的肩背。家属在最脆弱最无助时，可以感受到的是，真的有人用谦逊的心"肤慰"他们。

在重大危机心理干预中，"尊重""包容""发挥爱"是三个关键词，心理辅助者要用平等的心态与实实在在的帮助，真诚对待这些被痛苦包围的家属。

在与家属的互动中，心理辅助者要自然地弯腰、蹲下，甚至单腿下跪，让自己的身体尽量低于家属，用这样谦卑的姿势让彼此的心灵平等地靠近。在 MH370 家属心理危机的干预过程中，一些个子很高的心理辅导义工甚至一天之中多次跪下讲话，因为他们只有跪下才能与瘫坐在椅子上的家属平视，才能用肢体语言以示对亲属们的尊重并"肤慰"他们。

面对痛苦万分的当事人家属的哭泣，心理辅助者要以全然理解的心递上纸巾，充分接纳他们用哭泣表达情绪。倾听家属的诉说或面对他们无理由的情绪激动时，不打断，不制止，不评论，不以语言安慰，只是静静地接纳，允许家属停留在任何状态，不作任何推动。

如果是重大公共灾难，通常家属会被集中在同一处接受心理辅导以及接受信息。这时，心理辅助团队可以为家属精心准备热茶、水果和零食。清热去燥的菊花枸杞茶，能够减压的香蕉，富含维生素 C 的橘子，这些在降低心理压力与减少痛苦方面都能起到一定作用。

让心在爱与痛中安住，这是危机之中心理干预的总原则。

当危机与冲突来临时，每个人都有两种选择：一种是把痛转化为恨，把恨变成压抑；另一种是把伤痛转化为爱的安住，让生活重归平静。在人的本能反应中，许多人会走向前者。在伦理的升华中，有些人却能选择后者——承认伤痛已经发生，让心超越伤痛的捆绑，还能继续去爱自己、爱生活、爱世人，甚至把恨转化为另一种爱的表达。

冯小刚导演的电影《唐山大地震》讲述了一个普通唐山家庭在震后 32 年间的悲欢离合。这部电影原著小说《余震》出自华裔女作家张翎之手，讲述了一个在唐山大地震中幸存下来的女孩小登的成长经历，不仅表现出了大地震给唐山造成的破坏，更着力描写了那场灾难在经历者内心深处造成的强烈余震。

1976 年 7 月 28 日凌晨，一场 7.6 震级的大地震在 23 秒之内将唐山变成一片废墟。一位年轻的母亲在面对两个孩子只能救一个的绝境下，无奈选择了牺牲姐姐而救弟弟，这个决定改变了整个家庭的命运，让幸存女孩小登陷入了一个震后 30 年的情感困境。那场地震不仅摧毁了小登的家庭，更击碎了她的心灵：在内心，小登认定母亲抛弃了她。

30 年过去了，小登也成家立业，但她始终无法摆脱曾经那场大地震所带来的心理痛苦，她易怒、心悸、情绪低落。夜晚入睡时，当时母亲放弃她的那一幕就会在梦里出现，她对母亲的恨如影随形。

天灾来临时，毫无区别地击倒了每一个人。人们倒下去的方式都是大同小异的，可是天灾过去之后，每一个人站起来的方式却是千姿百态的。

小登被痛苦折磨了 30 年，早已远嫁加拿大的她看到中国某地发生地震的消息，毅然申请回国担任志愿者。在奋力帮助伤者的时候，过往的伤痕与灾难现场刹那间被唤醒，一直无法原谅母亲的小登理解了母亲当时的痛苦与无奈，也就在那一刻，她决定要去见母亲，当面请求她的原谅。

母女抱头痛哭的一幕让人唏嘘。这是一场阔别 30 年的相见，更是一次母女心灵的相认。原谅了母亲，其实就是放下了过去，也是放下数十年心灵的自我折磨。

危机重压下，对心灵的救赎胜于一切物质的重建。勇敢的人会真实面对过往的一切。

在积极心理学中，这种放下怨恨的方式被称为"安住在爱的伤痛中"。成长路上，伤痛是不可避免的，但我们要认识到爱不会因为伤痛而停止。更重要的是，要时时提醒自己必须从危机的低迷情绪中走出，穿越危机的迷雾，让精神昂扬的旗帜依然飘扬在人生的前路上。

从积极心理学的角度来看，良好的情绪管理应是"允许情绪升起，并从容看着其离开"。相比直接发泄情绪的低情商做法，更恰当的方式是用文字书写来解开心中郁结。

某人某事伤害了你，愤怒在你的内心打转，你很想呐喊，想把你的痛苦告诉全世界。这时候不要隐忍，去拿起笔，把这些愤慨发泄出来，写成一封信，倾诉你所有的想法，骂出你内心储藏着的最恶毒的话语，想象每一个文字都是一把利刃，每一次落笔都是一次刺杀，伤害你的人、让你难过的人在文字中已经被你遍体刺伤。

写好这封信之后，郑重封好，然后放入抽屉，永不寄出。

当一个人情绪陷入低谷时，作为心理辅导者要努力鼓励当事人动起来，做一些力所能及的事，让自己忙起来，走路、写信、讲述、做饭……只要愿意动起来，情绪就不会持续走向抑郁，因为抑郁的反义词不是快乐，而是积极——积极与忙碌是拯救心灵沉沦最好的解药。

在积极心理学中，有一个简明但有力的建议：当你不知所措时，就去跑步。

1994 年上演、后来成为美国 20 多年来最具治愈性的电影之一的《阿甘正传》，激励了无数人。越南战争结束后，阿甘退役回家。他目睹战友惨死，遭遇母亲去世、女友离开，巨大的心理创伤让他陷入深深的沉默。

呆坐一天一夜后，不知所措的阿甘忽然想去跑步，于是他起身，一个人默默地去跑步。跑完了小镇，他干脆跑完整个州，再后来，他干脆跑出了州，从美国东部跑到西部……最终他治愈了自己，同时他的行为也被许多美国人视为楷模，许多人跟随他跑，从跑步中获得积极的力量。

阿甘或许没有读过任何心理危机干预的书籍，但他控制情绪的做法完全符合情绪管理的最佳之举——缓冲、转化。

所以，在危机心理干预中，积极有效的方法之一就是鼓励情绪困境者动起来，即使他们只是每天在房间中进行很简单的肢体运动，也能有效阻遏负面悲伤的扩大。

当一个人沉浸于某一运动时，那一刻人生就有了一个清晰的小目标。人生只要有了目标，精神熵就会降低（在物理学中，熵指的是系统的混乱程度）。更重要的是，运动会促使身体分泌更多的多巴胺，这是情绪愉悦的重要因素。

在危机冲击下的至暗时刻，心理辅导者要帮助危机受难者重建对生活的掌控力，培养他们继续活下去的自得其乐的能力——写信给离开了的亲人、种花以寄托思念、跑步以回忆以往……这些转移悲伤注意力并且寄托情绪的做法，都是有效的心理调适与自得其乐的方式。

心理学有一个著名的"习得性无助"现象：因为持续失去对某一方面的把控能力，在心理上会造成压抑并自我否定，导致个体对其他本可以把控的领域进行自我放弃。在精神健康上，一些人会因为失去至亲或者被剥夺一些事情的参与权，觉得失去了对生活的整体控制，容易萎靡不振。

心理干预的关键之一就是让当事人重新获得对生活的掌控感。

美国一养老院曾经买来一批花，送给养老院住在一楼和二楼的一批年纪相仿的耄耋老人。一楼的老人们收到花之后，说必须自己照料。二楼的老人们收到花之后，决定让护工照料，他们只管欣赏就够了。

几年之后，一楼的许多老人依然活得精神奕奕，二楼的老人却陆续有人去世——生活各方面被照顾过度的老人，相比自己能适度动手的老人，寿命更短。

在巨大的悲伤面前，言语的安慰总是显得苍白，有效的心理辅助则能帮助当事人获得对生活的掌控力。在心理干预中，现在也有动物介入。比如某些痛苦的当事人养育了一条情感抚慰犬之后，慢慢建立新的养育关系，开始走出心理困境。

精神抚慰犬属于新的犬类工种，经过特殊的训练后会利用肢体接触人，从而安抚人们的情绪，帮助更多人度过特别煎熬的时光，这种犬类对主人会有精神抚慰和陪伴的效果。同时，它们的温柔和倾听，使得人类可以放心去拥抱，还能有效克服太偏执的心理。另外，人类在抚摸它们的时候，情绪也会相对平和，这是很多言语都无法代替的，可以让情绪得到更好的掌控。

在巨大的危机面前，每个人的心理都经历着折磨、沉重与痛苦。而具备积极情绪的人最终会从阴影中走出，并把曾经的阴影视为人生的宝贵经验。

积极心理学认为，利他、感恩、宽恕是一个人达至幸福最重要的三种心理素养。当危机来袭时，具备以上积极心理素养的人，面对挫折与黑暗会更从容不迫，也更容易从打击中进行自我情绪的恢复。

安住在爱的伤痛中，这句话不仅是积极心理学的名言，更是我们面对危机时最为正确的心理素养——它会帮助我们走出心理阴霾，重获新生，甚至从危转变成机。

2001 年 9 月 11 日，美国受到恐怖袭击。灾难发生后的第一时间，纽约市市长朱利安尼来到了废墟现场真诚地告诉民众，灾难已经发生，每个人都会感到畏惧，但我们更要认识到，此时此刻有比畏惧更重要的事情——拯救与缉凶。他号召美国人：做你该做的，让全世界看到你的勇敢，让恐怖分子感受到我们团结的力量。

朱利安尼的坚强表态给纽约民众带来了强大的信心，也给全美国人带来了巨大的鼓舞。

在危机面前，我们始终会看到一些坚强卓越的人，愿意用自己之力，扛起天下的重压。他们会以行动让他人相信，灾难一定会被克服，危机一定会被平息。

2017 年 2 月，我去美国一所大学交流，认识了传播学系的老教授多萝丝，一位 88 岁的老太太。多萝丝丧夫丧子独居多年，但其情绪之积极让每个认识她的人都印象深刻。一个独居老人是如何拥有一般人做不到的阳光心态的呢？

当我走进多萝丝家里时，我明白了一切。这位寡居的老人居住在一套有三个房间的公寓里，她自己用一个房间，其中一个房间被她慷慨地免费提供给品学兼优的大学生居住，他们也将多萝丝视为祖母，亲密交流，互相关心，甚至毕业多年还常回来看望老人。

虽然没有伴侣和子女，但慈悲与智慧的多萝丝却拥有无数待她如亲人的学生，这就是她拥有良好情绪、健康长寿的原因之一。如果一个人能学会凡事往好处想，待人多以慈悲心，心态阳光就是一种必然到来的结果。

一个人的慈悲就像阳光一样，会照入深深的内心，温暖荡漾。如果说情绪是智慧欠缺的毒瘤，那么阳光的心态则是慈悲的产物。

人生如飞翔的小鸟，智慧与慈悲就是小鸟的两只翅膀，努力提高智慧，努力培养慈悲，必然迎来展翅高飞的人生。

勇者不是没有眼泪，而是会含着眼泪继续前行。人生的伤痛不可避免，我们唯一能够做的就是安住在爱的伤痛中，让坚强继续，让前行继续，让相信继续，让拥抱继续。

第18讲

危机反思录：人生没有如果

· · · · · · · · · · ·

知识不沉淀，就无法递进为智慧。

每天教学完毕，我都会在当天写下教学感想，并进行总结。十年来，我每天都在朋友圈撰写对教学与人生的思考，从不曾中断。有人好奇地问我："你为何有那么多东西写？"

写作是一个人认识世界之后的独白。

活到一定程度，人会主动或被动地接受许多东西，然后得出许多感慨，这是我们的人生困惑之所在。敏感的心灵会在生活泥淖里陷得深些，粗粝的心灵则陷得浅些；悲观的心灵总得出"人生是徒劳"的结论，乐观的心灵总相信我们终会前进。写作能为我们创造一个情感喷发的出口，让我们不断丰富和加深自我认知：长于什么，囿于什么。这就是我为什么每天坚持写作的目的，写作会产生"我思故我在"的踏实感。

知识具有瞬时性，学习那一刻多用心，就能学到更多。而智慧则有滞后性，需要内省与审问才能被捕捉到。当我们习惯用文字总结一天所做所思时，就能收获更多的智慧。

写作的好处在于引导我们回顾，回顾的目的在于审视，审视则是为了内省。当你习惯内省，智慧就会不断积累。为了写作这本关于危机管理的书，我翻阅并整理近十年自己的朋友圈记录，回溯这些年来对危机的思考路径，从而建立更完善的知识体系。

没有一件事情没有意义，没有一个日子缺乏声色。如果我们对生活足够热爱，记录的灵感将从不匮乏。如果我们对危机保持足够的警惕，防范的敏感将令我们更加安全。

下面的文字，既是过去十年我的教学思考，更是对危机的反思：人生没有如果，只有后果与结果。

@对危机的发生，我们现在可以看到一种规律——"店大被客欺"。

一个品牌知名度高了，公众对其"找碴"的心理就会增强，这跟企业做得好不好无关，只跟人的情绪发泄心理有关——知名企业与明星一样，具备了公开的情感消费价值。大众通过谈论、嘲笑甚至诋毁、"找碴"获得心理满足感。

处理舆情危机时，首先请记住胡适的名言："宽容比自由更重要。"当你把批评当成提醒，把"找碴"当成改进的动力，危就能转化为机。

@ 每个人看世界有三种眼光：傲慢的眼光，到处看到蠢人；恶意的眼光，到处看到敌人；慈悲的眼光，到处看到善良的人。

处理投诉危机时，处理者的眼光决定了结果：不用恶念揣测他人，用善念规范自身，处理的结果必为善果。

何为危机管理？一念之果。

@ 禅宗的所有教法只有一个：如何变得真实。识本心、本性，以真实的心对待一切。

一个人活得真实，就会变得无坚不摧：有人表扬你，你会喜悦，但不会入心。有人批评你，你会倾听，但从不动怒。

赞美与批评本质上一样，心动了，烦恼就来了。心不动，一切不动。

收服你的心，危机的幻象就会消失。

@ 跟世界上的一切景象一样，危机也是心的倒影——你若简单，世界就简单。

@ 对于高级管理者而言，学习危机处理的核心不是学习处理技巧，而是学习辩证主义认识论：

第一，存在不一定是合理的。危机根源之一就是僵化的制度与鲜活的现实之间的矛盾，不断优化管理制度可以避免危机。

第二，眼见不一定为实，舆论不代表真相。在后真相时代，真相背后还有真相。诚实是一种品格，是消灭危机之火的灭火器。

第三，世界很单纯，危机处理也一样。不是世界复杂，而是你把世界变复杂了。你尊重我，我就尊重你。

@ 突发危机事件发生时，政府新闻发布的目的有两个：告知与释疑。但在实际应用中，宣传系统只注重"告知"而常忽视"释疑"。

2018 年 7 月 15 日，长春长生问题疫苗事件爆发。山东是受到影响的重灾区，省疾控中心对事件进行新闻通告，其措辞符合政府新闻发布原则，但不符合百姓追问事件细节的心理：疫苗更具体的流向、危害、接下来如何处理等。省疾控无法在有限通告中一一答疑的，最好在通告备注中提供详细答疑的热线电话（24 小时）、详细问题解答的网站链接或告知面对面专家答疑的时间地点安排。

各位新闻官记得：重大危机发生时，释疑比告知更重要。

@今天的危机课，我们从佛教的"四无量心"——慈、悲、喜、舍来探究危机处理。

2008 年 6 月 12 日，汶川地震发生一个月后，四川绵竹市百姓悼念地震死者。绵竹市市长蒋国华出席悼念仪式，忽然当众向百姓痛心下跪，表现出对挽救生命的无能为力。

蒋国华的下跪，扩大了舆论影响力，感动了很多人。

当一个领导具备慈悲之心时，他将变得真诚，真诚是所有人格品质中最璀璨之光——危机处理是一场信任的艰难重建之战，而最终能赢得战役的，除技巧外，更需要关爱的慈、悯人的悲、助人的喜、无我的舍这四无量心的真诚。

没有任何道路通向真诚。真诚本身就是道路。

@过去十年，为了教好"政府危机管理"这门课，我走遍中国数十个省份，拜访了许多基层干部，了解他们在应对群体性冲突上的决策。在群体性事件处置中，执政者的情绪控制能力与心胸宽窄常常决定了最终的事件结果：面对舆论压力，你是否能继续忍辱负重，含泪前行？面对误解，你是否能放下自我，大局为重？

一名官员，无论工作做得多完美，只要百姓对其不信任、不喜欢，他都不能算是一名合格的官员。接纳不完美，才是完美的开始。

危机处理是这样，我们的人生不外乎也是这样。爱恨情仇，周而复始，生生不息。我们不是要消灭危机，而是要习惯与危机共存。

@以前我讲授危机管理时，更多是从管理学科的单一维度进行解读。现在讲授这门课，我更愿意从多维角度来解读：从历史学的角度来解读危机的根源，从哲学的角度来解读应对的观念，从宗教的角度来解读因果，从文学的角度来解读新闻发言，从生物学的角度来解读真相与谬误的区别。

"知识本是一体的。把它分成不同的学科只是屈从了人类的软弱而已。"牛津大学地理学家麦金德曾说。如果能从更全面的知识维度看待危机，我们将更有机会抵达对危机本相的洞察。

@危机管理的逻辑框架为：认识论决定方法论；对危机的本质认识与属性把握，决定了处理的措施。

以前危机管理侧重于方法论，这种思路是错误的，危机事件的多样性决定了方法的不可固定性；现在危机管理侧重于从认识论来看清危机的属性，对本质的认识越深刻，处理就越到位。

"菩萨畏因，众生畏果。"有觉悟的人会畏惧不恰当的念头，有因就会有果，普通人只有看到后果才会后悔当初——意识决定认识，认识决定方法。

@今天参加京广沪医务管理论坛，我分享危机管理的观点就是遵循佛教的"四无量心"——慈、悲、喜、舍。

把自己当成别人，这叫无我：不要固执于自己的观点。

把别人当成自己，这叫慈悲：对医患多持爱心。

把别人当成别人，这叫智慧：不因别人的做法或态度而改变自己应有的修养。

把自己当成自己，这叫自观：不为结果驱动，只为自我精进。

每个人都要敬畏自我每一刻的"念"。

一念起，一切起。一念落，一切落。

@处理危机跟过好这一生一样，就靠三句话：有时要认清，有时要认错，有时要认怂。

@袁同学给我发微信，感谢我给他们讲授"危机管理"这门课，并陈述积极人生的三件事：利他、感恩以及宽恕，令他在暴怒时控制住了脾气。

作为教师不仅要传递知识，更应传递美好。现在讲授任何一门专业课程时，我都会努力融入人文教育的内容，让学生知善避恶。没有善恶辨识能力的人，危机永远离其最近。

人生有两种痛苦之源：恶的挥之不去，美的求之不得。如果你常做利他、感恩以及宽恕三件事，"施"会变成"得"——每一种善的行为都会反射回自身。我们不能消灭痛苦之源，但可减轻痛苦的副作用。

@今天是国家宪法日，我想从国家发展的角度讲讲危机对抗与危机处理。

从人类历史来看，危机对抗有两种结果：莎士比亚式和契诃夫式。莎士比亚式的结果是，尽管天空盘旋着某种正义，但地上却横七竖八地躺着许多死者。契诃夫式的结果是，每个人都对对抗感到绝望、痛苦、幻灭，但至少都活着。

当矛盾无法解决时，契诃夫式的结果是正确的，巴以矛盾就是如此。虽然没有人知道路在何方，但至少还能活着思考这个问题。

在危机进入对峙阶段时，僵持比武力更恰当。无法用技巧解决的事情，就交给时间。

@周末两天给房地产职业经理人班级上了"危机与风险管理"课。我借助四句谚语给同学们描述了人类社会冲突与和解的整个历史：①上帝要让一个人灭亡，必先让他疯狂。②时间是筛子，最终会过滤掉一切沉渣。③蜜蜂盗蜜，结果却让花开得更茂盛。④暗透了，更能看得见星光。

每个企业管理者都应该具备基本的哲学思维，从辩证中看待世界和中国，有正确的价值观，才有正确的方法论。

@今天危机课，讲讲如何撰写企业危机声明。企业危机声明由四个部分组成：①态度。认怂自责，诚挚致歉。②定性。切割属性，淡化事态。③措辞。亡羊补牢，立即整改。④承诺。表明立场，重树信心。

危机声明虽简短，但非常考究文字功夫，能用有限的篇幅表达无限诚意便为高手。

真诚比技巧更重要。

@危机本质上不存在突发，而是渐进，是诱发，是熵变。

你能认识到这三点，你就把握了危机处理的关键。

@处理维权纠纷时，业主们第一次对你有礼貌，第二次却对你粗暴，作为公司总经理，你很困惑：礼貌与粗暴，哪一面才是真实的人性？

看清人性的规律是危机管理的核心，因为所有决策都指向人。礼貌与粗暴都是真实的人性。人性从来不变，变的只是观察的角度。人性从来不是两面，而是只有一面：礼貌不过是粗暴的克制，粗暴只是礼貌的失控。

控制危机不爆发是必须做到的，但危机爆发却是必然。越矛盾对立的事物中越蕴藏着朴素的真理。从危机决策的角度，我们要从矛盾中看出统一，从分裂中看出圆满，你的行动就会变得正确且明确。

@今天危机课，盘点近期轰轰烈烈的大事件：康美药业造假事件、滴滴司机杀人事件、鸿茅药酒事件、杜嘉班纳"辱华"事件、长生疫苗事件……

这些事件，让我们对危机有以下四点深刻认识：

第一，一切都有巧合般的偶然，又有宿命般的必然。

第二，危机本质不存在"突发"，而是嫡变、渐进、累积的恶果。

第三，菩萨畏因，众生畏果。要畏惧恶的念头，而不是看到后果才畏惧。

第四，网络很发达，信息却更不对称。你认为众所周知的事，通常却还有一亿人不知道。中国真正的矛盾不是财富分配不均，而是信息严重不对称带来的割裂感。

@今天给纪检监察干部讲舆情危机课。我的观点就是：用单一思维来看待这个多元化的世界，这就是政府舆情危机的根源。如果没有谋略，勇气可能就是鲁莽。如果没有认真，积极就等同于盲目。如果不能明辨，热情或许也是愚蠢。

一千多年前，《中庸》就告诫世人成长必须沿着"博学、审问、慎思、明辨、笃行"这一路径。这一箴言包含了一种最朴素的辩证思想：思维的发散具有阶梯式，如果没有用另一种思维来引导，纯粹信奉某一种思维可能会令我们走向坏的极端。

每一次危机的处理都是对世界与人的新认识。认识决定思维，思维决定方向，方向决定结果。我们的人生不也是如此？

@某中学近期深陷食堂卫生重大危机事件之中，校长被曝收受了供应商的贿赂，让不合格食品进入了学校，震惊众人。但据教职工向媒体透露，他们眼中的校长一直是个好人。他每天准时上班，衣着整洁，谈吐得体，为人谦逊，甚至不烟不酒。"他是个好人。"学校的老师们提起校长，都是这种印象。

历史上，人们会警惕坏人的一举一动，却对好人全面信任。所以，好人对社会造成的伤害有时远大于坏人。他们一贯好的举动掩盖了某些才能或意识的缺失，如正是这些不被警惕的缺失，最终造成重大社会灾难。

没有监督，信任就等同于灾难。不能明辨，热情就是愚蠢。意大利的谚语这样嘲笑一个好人："他是个好人，可惜好得一无是处。"

@今年央视"3·15"晚会批评了数十个企业。这档中国最权威的舆论监督栏目影响巨大，或许 50% 的企业会因为被整顿而倒闭，50% 的企业整改后继续存活。

今天的危机管理课，我跟各位企业家讲解危机的两个观点：

第一，"但凡杀不死你的，必会令你更强大"。遭遇危机的企业如果处理得当，自省改进，就会因此变得更强大。

第二，"但凡杀不死你的，过段时间会回来一举杀死你"。经历危机的企业如果不吸取教训，继续纵容自我，下次危机来临必将土崩瓦解。

企业危机的原则，人生同样适用。

@信息披露是危机管理中的关键。在网络舆情出现时，恰当、准确、严谨的信息披露能够有效遏制负面情绪与谣言。

在重大舆情面前，不能期望一次信息披露就可说服公众。大众心理的复杂性表明，有些人愿意相信客观事实，有些人却只愿意相信主观情绪。所以信息披露中必须有双重价值设定：既公布事实，又须迎合情绪。

把信息披露写成工作报告是错误的，因为不能迎合公众情绪的需求；把信息披露写成散文也是错误的，因为用情绪遮盖真相会导致公众更不信任。

今天的信息披露与网络舆情课，将从社会学的角度解读公众心理变化，从传播学的角度把握如何迎合公众心理。

@作为维护法规与法律尊严的执法单位，在以往认知中，执法队伍处于社会监督链的顶端。而现在，权力格局被波澜壮阔的网络舆论打破：强大的权力单位同样得接受底层个体的监督。

执法部门要防范舆情危机，必须做到程序完整、形象完整、结果完整三位一体。执法的过程可以经受住媒体的报道，执法的形象符合百姓期待，执法的结果可以经受住时间的考验。

懂法律、懂舆情、懂民意，这就是时代对执法队伍的新要求。

@儒家认为良知是道德的基础。良知，简而道之就是"生惭愧之心"。

世尊告诸比丘：有二净法，能护世间。何等为二？所谓惭、愧。

"惭"是觉得自己的德行不够，常怀惭念而生善。"愧"是怕作恶而遭人讥评，常生愧心而止恶。

对错都是相对的，而良知是绝对的。一个政府官员有了尊严感，便会在行政决策时产生"惭愧之心"，时时反思自己，时时反问自己，善的念头常涌，恶的念头常止。

如果善良意味着本真，良知便意味着智慧。灾难并非危机，如果没有人为过失在其中，只能算是意外——从这个角度出发，危机发生可以视为某一阶段人缺失智慧的表现。提高智慧，融入良知，就是政府危机管理的核心所在。

@世界是不确定的，但规律是确定的；阴晴是不确定的，但天空是确定的；危机发生是不确定的，但应对的方法是确定的。

学习危机处理，就是让我们在不确定的世界中，寻找确定的规律。

@多年来，我对群体性危机事件的认识就是：这个世界不是讲道理的，而是讲情理的。

危机处理要以法为准绳，以事实为依据，但这两者必须建构在中国的基本伦理价值观上：没有尊重，事实就会失去信任；没有关怀，法律就会失去民心。

因为懂得，所以慈悲。

@即使讲授了多年的危机管理课，我依然觉得自己未能从根本上把握住知识的核心——一切都在流动，一切都在被重新定义。正如神学家尼布尔说：我好不容易找到了生活的意义，它却又变化了。

佛教修炼的最高境界叫"不二"，其意为"非此非彼即此即彼"：诸法无我，诸行无常。当我们认为把握了真理，可能正是谬误炽热时；当认识到自己一无所知时，恰恰是认知最深刻时。

@组织管理者要有两种层级的危机防范能力：初级能力是看见看得见的后果；高级能力是预见看不见但逻辑推论得出的结果。

如果你具备高级危机察觉力，你会明白《金刚经》中"物无自性"与"缘起性空"两大教义的深刻含义——每一件事情的发生都不具备固定的属性，既不是危也不是机，你的态度、决策与行为造就因与缘，因缘的合和决定结果。

请记住神学家布莱尔的教诲：从别人的过错中寻找真理，从自我的真理中寻找过错。

在危机处理中，毫无胜利可言，挺住就是一切。

@作为服务行业的客服人员，在处理客户投诉上，记住两条最简单但通常最有效的原则：保持微笑和保持沉默。

微笑能够化解许多问题，沉默能够避免很多问题。

@危机管理中，决策者最重要的能力是智慧。恶因一念起，恶果必然生。如果决策者有智慧，就会敬畏规则，以正念来规范运行管理，避免让危机轮回发生。

我们无法完全阻止危机发生，但可以阻抑危机的错误决策——事情没处理好就会变成事件，事件没处理好就会升级为事故，事故没处理好就会演化为危机。

决策的智慧就是看出因果，看透轮回。

@天下没有好人或者坏人之分，只有做了好事的人和做了坏事的人。天下也没有绝对的好事与坏事，好坏是一体的，对错是相对的，把握好临界点就是智慧。

@危机不能只理解为出现事故的意外，许多危机是管理者的思想出现意外：只要决策者的价值观发生偏差、情绪发生波动、行为发生失控，危机就瞬间而来。

事故意外是危机，但我们更要警惕思想的意外。

@在危机处理中，不可以执念"有理走天下"——事实是相对的，解释得清楚的是真相，解释不清的是人性，所以真相还原与人性附和是两个重要的决策维度。

有情有义、有理有据、有法有规，这样的危机处理将无往而不胜。

@遇见危机就跟遇见爱情一样：有时叫缘分，有时叫劫数。

有些危机发生是良性的，让你惊醒，避免更严重的危机发生，这就叫缘分；另一种危机发生是因为企业有意作恶，劫数降临，这就叫在劫难逃。

@把危机发生放在宇宙这个宏大的面来考量时，你会发现，一切危机的发生与消失都有它的时间。刻意去寻找的东西往往找不到，刻意回避的事情往往回避不了，万物的来去都有它的时间。

@危机管理的核心就是风险的防范，风险防范的核心就是危险的识别。

@一次重大安全危机发生之后，每个人眼中都充满了警惕和恐惧，你就可以确信，接下来将是一个最可以安心的时刻：警惕是防范的开始，恐惧是防范的升级，而这两者就是危机开始被消除的先兆。

危机的平息始于警惕。

@每个决策者都应该保持对一切的觉察性，从和谐中觉察杂音，从完满中觉察危险，在人为能作用的范围内尽力化解，剩余的便交给时间。

@2006年，我开始教授危机管理课程。2007年，我出版了第一本危机管理著作《中国式企业危机管理》，我把当时所认识的危机管理真理撰写成书。现在再看此书，发觉当年许多对的"真理"到了今天基本成了谬误。

真理的呈现永远比人的认识前一步。我们好不容易抵达真理的起跑线，它又向前走了一步。

在求知的过程中，永远若有所思，永远若有所悟。

@当管理的链条太长时，多数人就会对即将到来的危机产生他者依赖心理，而这正是致命危机发生的根源——没有一滴雨认为自己必须为一场洪灾负责。

@ 僵硬执法比粗放管理带来更大伤害：粗放催生无序，但无序会慢慢走向有序。而僵硬执法会扼杀一切。
危机不是偶然的，而是戴着偶然面具的某种必然。

@ 重大危机的爆发通常由三个要素引发：天时、地利和人犯傻。

@ 危机管理的关键：敬天爱人。
敬天：敬畏规则，相信因果。
爱人：恻隐之心，怜悯之心。

@ 每一场大危机来临之时，会有无数的先兆出现，你必须有判断的能力。

@ 罗伯特·希斯提出危机管理 4R 模式：缩减力（Reduction）、预备力（Readiness）、反应力（Response）、恢复力（Recovery）。三十年来，4R 模式成为业界公认的危机管理的基石。

@ 危机管理学是一门综合学科，你必须了解企业管理、社会管理、公共关系学、媒体传播学、大众心理学，才能真正深入掌握危机管理的要诀。

@ 一件坏事被消灭，另一件坏事就会准备冒出。危机永不消失，只会暂时消沉。我们要习惯与危机共存，而不是消灭危机。

@ 遇事不慌，是为勇敢。处事有方，是为智慧。
勇敢与智慧，是危机管理中两种最重要的素养。危机爆发，我们要勇于道歉、勇于整改、勇于面对、勇于推倒重来，智于对话、智于引导、智于化解、智于化危为机。

愿你勇敢，亦有智慧。

@A 股中药饮片之王康美药业由于上市以来累计造假 900 亿被证监会处罚。这则新闻震撼业界，ST 康美现时股价离其最高峰千亿市值已经跌去九成。

在法治化的今天，企业危机管理的第一步必定首先是将"底线思维"写入企业战略：敬畏法制、敬畏规则、敬畏因果。当一家企业有"敬天爱人"的意识时，我们才能称其拥有进行成功危机管理的能力基础。

危机管理的核心不是灭火，而是防火。

@日本应急体系分为自助、互助和公助三个层级。

首先，当危机突发时，正确的自助能在第一维度减少伤亡；其次，社区的互助能在第二维度抑制危机；最后，政府的介入即公助，能在第三维度控制局面。

@危机处理关键基本法则为"1 +"。

"1"的核心为"道义"，这是危机处理的基调。"+"为接入危机处理"三度原则"：态度、速度和透明度。如果出现人员伤亡，所有危机处理的核心将围绕"道义"展开——深切哀悼、惩治渎职、诚挚认错、亡羊补牢一系列措施推进方为正确之举。

@我们要敬畏每天的起心动念，因为每一个念都有对应的果。对于危机，我们要有预见性。对于念，我们要有敬畏感。

人生没有如果，只有后果和结果。

@讲危机课时，我告诉同学们：危机就是对安全感的颠覆。你们知道什么是安全感吗？

有一个同学说：我知道。安全感就是在上学迟到的时候，在路上碰到一群同样迟到的同学……

@推迟四个月的央视"3·15"晚会开播，南昌汉堡王因使用过期面包被点名。节目结束的当晚，汉堡王迅速发表道歉声明。

危机处理三部曲为态度、速度、透明度：用良好的态度迎合公众、用快速的反应控制危机蔓延、用透明公开的姿态重建信任。

@从危机的规律来说，善泳者溺于水。一个人最得意之技，却可能成为最致命的弱点。

任何时候都不要失却敬畏感：敬畏规则、敬畏规律、敬畏因果。

@1935 年纽约法庭曾庭审过一桩偷窃案：一名 70 岁的贫穷老妇人偷面包给孙儿，老妇人必须被拘役 10 天或上交罚款 50 美元。

法官说，老妇人为养活孩子偷面包是城市之耻，他决定捐出 50 美元，老妇人当庭释放。

好的危机处理与法律判决同理：有理有据，有情有义。

@危机处理过程中，方法的应用必须依附在方向之上：方法是尺，方向是度。尺的有效，受制于度的判断。

记住"态度、速度、透明度"这一"三度原则"是简单的，但用什么方式道歉、以多快速度进行发布、透明化到什么程度为恰当，这便需要经验与智慧的把握了。

永远要佩服那些在危机面前举重若轻的人，"谈笑间，樯橹灰飞烟灭"，没有人生的大勇大智大谋，何能力挽狂澜？

@在危机博弈中，谁先情绪波动并愤怒，谁就注定先输。

人生痛苦的本质，就是对自己无能的愤怒。

人如手机，情绪是底层操作系统，能力只是 App。一个人如果能控制自己的情绪，就能控制行为、决策与结果。

@危来了，机便殿后。

@中国每年非正常死亡人数有 320 万，大部分都是疏忽造成。生活中我们要做乐观主义者，危机防范中要做悲观主义者，相信危险在眉睫间，提醒自己消除、远离。

@唯有了解，人们才会关心。唯有关心，人们才会采取行动。唯有行动，危机才会走向和解。

在危机处理过程中，必须善用媒体的力量，引导舆论：让不知道我们的人知道我们，让知道我们的人支持我们。

@不要有战胜危机的念头。哪有什么岁月静好，生活的苦难无穷无尽。

危机已经结束时，请记得丘吉尔的话：这不是结束，甚至不是结束的开始，而可能是开始的结束。

重要的不是治愈，而是带着病痛活下去。

没有致命的失败，没有最终的成功，只有锲而不舍地前行。

@巴菲特的投资观点叫"20 年展望"：对一家企业有持续 20 年的信心，就值得投资。

人生每个行为都是"20 年展望"的结果：今天你不断强化的危机意识，20 年后或成为避灾的最大后盾。

人生没有白走的路，每一步都算数。

@危机发生有时是因为妄念——一种超越常规的思想偏差。没事别惹事，这是危机给每个人最好的警告。

识本心、具本性，以真实的心过真实一生的人，不存在危机。

@2004 年，10 岁的蒂莉在泰国海边玩耍，突然发觉海水冒出大量气泡，并突然消退，学过地理的她知道海啸即将到来，呼喊人们撤离，从而拯救了许多人。

在多难的今天，危机管理研究的核心不再是消灭，而是拯救。

@ 每个危机处理者都应该向胡适学习，学习他的人生理念"宽容比自由更重要"。

用耐心来降服愤怒，用宽容来化解敌我。在内心深处，我们必须保持一种别人无法征服的慈悲，一种永远不会被耗尽的耐心。

@ 百姓投诉有时是一种情绪表达、权利争取的姿态，执政者如能待之以诚，虚心聆听怨言，这就是解决危机的最好方式。

三观不同，不必互相说服，只需互相包容；立场不同，不必互相强迫，只需互相尊重。

@ 危机管理的核心是预见危险的发生。

预见能力是一种高度专业的直觉：业精于勤的人，更有危机敏感性。

直觉不是唯心之物，而是知识、觉性与专业经验能力的高度合一。直觉出色的人，通常智慧过人。

@ 在危机处理过程中，要强调别人的优点而不是突出自己的缺点，感谢比道歉更能提高人的满意度。比如发生服务问题，说"感谢你的耐心等待"比说"我对此深表歉意"更有效。因为前者肯定他人的优点，后者强调自己的过失。

@ 走进某一现场，有时你的直觉告诉你哪里有安全隐患，核查发现你是对的；启动车辆，一听声音你的直觉告诉你有不对的地方，核查发现你的判断是对的。

这种对因果共频的直觉，就是"道"。危机管理核心就是培养"道"——一种对危险逼近的预见。

@ 我从来不认可"危机公关"这个词。这个词让人联想到手段、技巧、交易与某种不可曝光的东西。

小危机的处理关乎手段，大危机的处理只考验素养——勇气、担当与胸怀才是危机管理的最高应对之道。

@ 有限的理论无法概括无限的现实。所以每次结课，我都会提醒学生们：带着质疑去相信。

学习时，让我们铭记梁漱溟先生的教诲吧。

人格上不轻易怀疑别人，见识上不过于相信自己。

@ 遇到危机时，你必须大笑，因为这一刻你终于承认自己就是普通人，有致命的弱点，否则危机不会发生。

没有孤独，你怎会知道友情的珍贵？没有苦难，你怎会懂得寻常就是幸福？

@ 2016 年江西丰城电厂坍塌，造成 73 人死亡。原因是不同施工组作业时，对上个班组存在的问题不上报、不预警，最后导致危机发生。

危机管理的关键就在于培养内部"吹哨人"，对危机隐患不漠视，以责任感和专业性守护平安。

@ 当你勇敢地穿越了风雨，你就不再是原先的那个人了。这就是风雨的意义，也是危机管理的意义。

@ 今天给广东省初创企业家班级讲危机管理课，讲到阿里巴巴被反垄断调查事件时，我就想起了傅雷的名言："奇迹在中国不算稀奇，可是都没有好下场。"

做企业必须有敬畏之心。

敬畏感就是防范危机的红线思维。

@ 今天的危机管理课，跟各位解读"照见"一词。

"照见"是佛教用词，意指对起心动念的觉察。危机管理的重点是预见危险的逼近——看见能够看见的危，也预测到那些看不见的险。

责任感、专业性与敬畏心，是防范危机的三要素。

@危机的方法论：迎合、切割、控制、转移与善后。

用快速的反应控制危机的蔓延，用诚恳的态度软化敌对的立场，用透明公开重建公众的信任。理解了危机的根源，你就理解了人生的烦恼。危机指的不是意外的事件，而是面对事件的决断：好的决断，大事变小事；坏的决断，小事变大事。

烦恼亦是如此。把我们拖入烦恼深渊的从来不是事，而是"剪不断理还乱"的心。

@政府的基本职责：帮助人们帮助他们自己。

理解百姓的问题、分析百姓的问题、帮助百姓解决问题，就是政府最好的危机干预与化解方式。

@看完央视"3·15"晚会，你会发现每年骗子换着花样出来行骗。

其实最大的骗子是我们自己：一次次地欺骗自己，以为提高警惕就可以躲开任何骗子。

你不骗自己，别人又如何能骗得了你？这就是危机的根源。

@学习危机管理时，我们要把他人发生的一切危机事件当成镜子，借助镜像去反思自身是否也存在同样的漏洞。

危机大潮中，没有人可以完全幸免。他人之危，是我们的前车之鉴。

@危机处理是在处理事，更是在理解人——从人性的角度理解危机，就明白了人的诉求。只要欲望存在，对抗就不会停止。反过来理解：利用好人的欲望，你就能够利用好人。

处理危机需要耐心与信心。

对未来越有信心的人，对当下越有耐心。

@危机处理，真诚比技巧更重要。

危机无穷无尽，就像人生的痛苦永不止息。最重要的不是战胜危机，而是在危机面前，保持一份永不被磨灭的慈悲与耐心。

@ 睡觉时，有时你会猛然抽搐一下。这叫肌抽跃。

睡觉时呼吸频率降低的幅度太大，大脑会认为身体快死亡，所以发送一个脉冲，使身体觉醒。这是大脑的预警机制。

从进化论的角度，我们可以看到危机预警的重要性。

@ 理解一个人，有时需要感情，有时需要时间，处理危机亦然。理解了时间轴，就理解了危机处理的核心。

@ 危机影响力 = 事件典型性 + 情绪效应 + 重复提及率。

引入时间轴，危机处理的关键在于"快与慢"结合：舆论控制要快，马上迎合公众，民心所向就是决策所指；澄清事实可以慢，信任重建需要时间，急于解释等同于掩饰。

@ 不需要学习，你从本能上会害怕火、高、尖锐物、蛇、颜色特别鲜艳的植物……因为害怕你就会远离，于是这些危险物就难以伤害到你。

害怕是一种天赋，这是人类数百万年进化的天赋结晶，也是危机管理中要强化的直觉。

@ 处理危机的指向就是把责任主体以最快的速度带离舆论的聚光灯，避免被公众的情绪严刑拷打。

@ 对危机规律的三点认识：

第一，一件事情长期太过顺利，你要相信总有哪里不太妥当。

第二，做个悲观的乐观主义者，带着质疑去相信。

第三，相信美好的事情即将发生，也要相信意外必然会来干扰。

@ 曼德拉曾被关押 27 年，受尽虐待。就任总统时，他邀请了当年三名看守到场并向其致敬，他说："当我走出囚室迈向通往自由的监狱大门时，我已经清楚，自己若不能把痛苦与怨恨留在身后，那么其实我仍在狱中。"

在危机的最后阶段，无敌无我，和为最终方向。心中无敌，才是真正天下无敌。

@危机处理中的一视同仁原则并不合适。当事件成为焦点时，责任方让步的力度就要加大，目的就是最大限度地控制舆情蔓延，这种辩证思维就叫"遵守规定，超越规定"。

@永远有意想不到的事情出现把人激怒，这是危机出现的根源。

人生有多少执着，就有多少痛苦，我们必须从所有的执着里抽离——用情、用理、用法。

@有人问我：你对危机最深刻的认识是什么？

我的认识就是：永远不要用恶的念揣测他人，永远要用善的行指引自我。

危机的思想根源就是"我执"：你只相信自己，只相信自己的相信。

@危机处理中尊重与利他的要点总结：

第一，衡量危机处理的结果好坏不是利益最大化，而是社会效益最大化。

第二，危机处理警惕"用一秒作决定，用一生作代价"的冲动性决策。

第三，那些养成仇恨习惯的人，一旦得逞，就会马不停蹄地寻找新的仇恨目标。

第四，爱出者爱返，利他的决策将会导向危机处理的最佳结果。

@危机冲突处理有一个理论叫"幸福让"。对抗尖锐时，幸福感强的人优先让步。这无关道德，只关机会成本。

@危机处理的新闻发布公式：新闻发布 = 信息传播 + 情感释出 + 时机把握。

@危机管理是一场拯救，关于安全的拯救、信任垮落的拯救、陷入黑暗心灵的拯救。

人生道路漫长，对危险始终保持警惕，我们才能走得更远。

@危机管理是一种选择的智慧。

面对意外、挑衅、投诉、对抗、负面批评，你所采取的措施决定了结果：危还是机。生活不亦如此？

危机管理不仅是工作的技巧，更是生活的智慧。

@危机管理最重要的就是学习防范危机。

防范危机的核心就是提高敬畏感：敬畏规则、敬畏因果、敬畏自然——因为敬畏而守规，因为守规而避险。

何为危机管理？

选择的智慧。

@危机处理三要点：现场管控好，情绪安抚好，舆论引导好。

任务指向：不要把事情闹大。

@我们不应该把危机理解为事件意外的结果，而应该理解为思想偏差的结局：玩忽职守就会有灾难，心不在焉就会有失误，官僚主义就会有愤怒。

防范危机，每个人都必须形成"正念"。

@总有那么一刻，你的危机决策会走到左右为难的时刻，事实不清、方向不明、痛苦煎熬，那时危机决策的唯一依据就是：但行好事，莫问前程。

你可以怀疑一切，但绝对不要怀疑因果。

后　记

过去十年，我写了几本危机管理方面的书，但我一直想用文艺的笔法来重写一部危机管理史，尝试用诗意的叙述，最大限度地使晦涩的学术概念变得畅达。

虽然危机管理属于公共关系学的范畴，但很多时候更像是社会学、新闻学、文学、哲学、心理学的合生之物，把严肃的学术概念与文艺化的表达巧妙合一，这是我一直以来的学术追求。写作本书时，我常常忆念起我的学术生涯引路人，一个最能把严肃与活泼、理论与实践完美合一的人——中山大学原政务学院院长廖为建教授。

八年前的一天早上，我正在写作《网络危机管理：Web 2.0 时代企业危机解决之道》一书时，忽然间电话响起，有学生打电话来，声音甚是急促："廖为建教授昨晚仙去了。"

过去那些年，我时常跟随廖老师出席一些学术活动，他从来都是脸色红润，声音清朗。有时我甚至会觉得，学术修养是一个人最好的青春永驻剂。虽然时光流逝、岁月催人老是自然界不可逆转的事实，但是生活中总有那么一些人，他们能让时光的巨轮碾过他们身上所留下的痕迹轻之又轻。

较之常人，他们通常有着丰富的人生阅历，有着深刻的学术修养，有着豁达健朗的人生态度。"老去"对他们而言，只是不断增加生命履历的厚度罢了，而不是令人悲伤地缩短了人生的长度。

在我及许多年轻老师、学生的眼中，已到耳顺之年的廖老师，就属于这类与"老去"并不相关的人。因为他深厚的学术修养始终让"朝气"成为他的标签——每次参加本科生、研究生的毕业晚会或聚餐时，廖老师在最后总会与同学们来一张表情俏皮的合影。

作为中国公共关系学术领域的奠基者与开拓者，廖老师在几十年的教学、研究生涯中，与其他业界的前辈一起，成功推动公共关系这一门全新的陌生学科得以社会性普及，甚至令公关专业成为各高校的"显学"，媒体将廖老师称为"中国公关行业知识的布道者"。

在我看来，廖老师更像一名点火者，他娓娓道来的讲学风格，深入浅出却又一针见血的学术分享，就如一把火，点亮了许许多多学术求道者对公共关系知识的渴求——在中山大学讲学厅中，廖老师所开设的"政府危机管理""公共关系管理"等课程，令台下多少学生听得入神——他就像一把火炬，在挥洒之间，照亮空间，亮堂人心。

这就是一位优秀教师所能达到的至高境界，无论在什么样的境况，无论针对什么样的听众，无论自身多么疲惫，一站上讲台时，神采永远奕奕，眼光当即如炬，黯淡的课室都会因之而亮堂，沉闷的午后不再单调。

2007 年的一天，我与廖老师在中山大学北门茶馆喝茶。我问他："公共关系对社会的意义在哪儿？"

1994 年，中山大学设立了全国第一个公共关系本科专业，廖为建教授就是这个学科的带头人，这个专业的设置得益于廖老师深厚的学术背景加之中山大学的学科优势，从而得到教育部的批准而设立，危机管理学则是在公共关系这个大学科细分下的一支分叉。

廖老师说："公共关系的意义在于传播价值、净化人心。"

那一刻，他的表情有一种一闪而过的凛然。

多年过去了，他当时那种带着自豪、严肃甚至一种知识火种守护神的凛然神色，仍然时时在我心中闪现。

在廖老师离去后，我时常会想起他温暖的笑容，他对年轻后辈、学生的指点与人生教诲，令许多人的人生路向悄然转向。这或许是一位教师的庄严职责：不仅传道、授业、解惑，更给予身处人生迷茫中的学子以光明和希望，给予低谷中的后辈以继续迈步向前的信心。

生命若尘，从何处来，即从何处归。有些人离去了，尘归尘，土归土，无痕无迹，仿佛不曾来过世间，因为路上已没有他的脚印，空中没有他飞过的痕迹；而有些人离去了，却化成清泉，为继续前行的路人带去滋润，他们化成知识，不断为人生路上跋涉的学子指明未来的人生路向。

廖老师走了，但他没有离开我们，在公共知识的教科书中，在危机管理的学术领域中，在人生榜样的光芒中，他仍然一直在，永远在。

谨以本书献给我的学术引路人廖为建教授。愿他当年对我教导的那些知识光辉，能在拙著中闪现些许，造福读者。

最后我还要感谢东莞南城天安数码城对本书出版的支持，给我创造了与园区诸多企业的对话机会，为本书提供了不少危机处理的一手素材，丰富了写作的视野。

感谢所有支持本书出版的有心人。

林景新

壬寅年秋